AF592995

Julia Lohmann

Studio

Museum am Ostwall Dortmund
Richter Verlag Düsseldorf

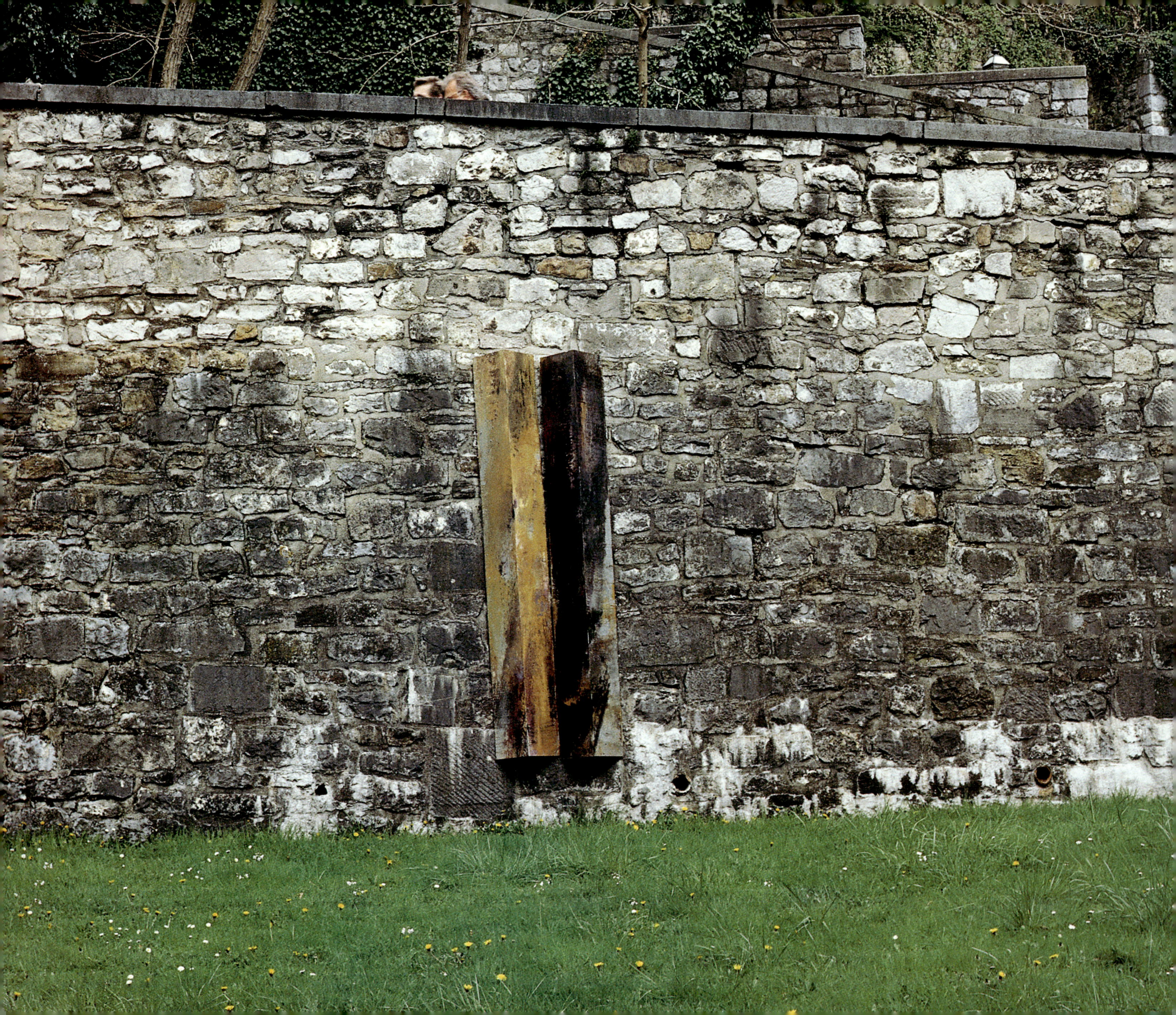

JULIA LOHMANN

STUDIO

WELT

MUSEUM

FRIEDHOF

ZEIT

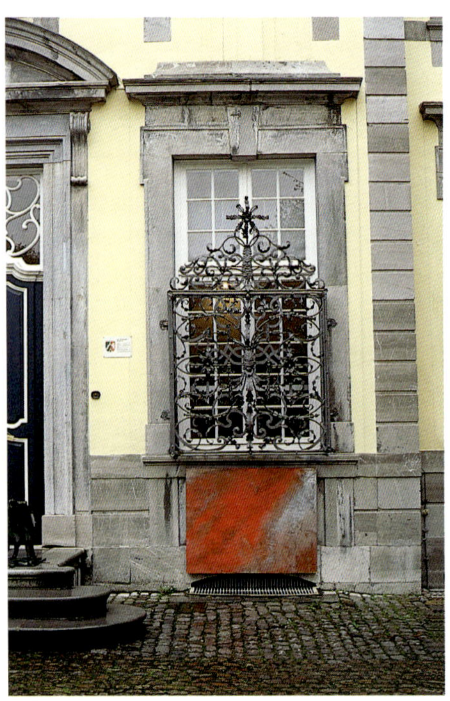

Roter Bildkasten, 1989
100 x 10 x 15 cm

Rosen, Rosen oder doch Dahlien

Rosemarie E. Pahlke

Nach den geflügelten Worten »keine Rose ohne Dornen« bzw. »every rose has its thorn« beschäftigt sich Julia Lohmann bei ihren aktuellen Objekten nicht mit den Blüten, sondern mit den eher als lästig empfundenen Dornen (botanisch: Stacheln) dieser Pflanze (*Abb. S. 46, 47*).

Entstanden sind kompakte, relativ handliche, gegossene Objekte, die eine ›eigenwillige‹ Physiognomie haben. Eine fahle Farbigkeit wird durch den Charakter des verwendeten Materials – eine dem Gips ähnlichen Porzellanmasse – vorgegeben. Und dann überraschen die Formen, die keinesfalls sofort an Dornen, sondern ebenso durch ihre gewölbte, ins Spitze auslaufende Basis auch Assoziationen an die Rundungen der weiblichen Brust oder an den langen Absatz eines Damenschuhs wecken können. Dies ist eine gezielt vorgenommene Entfremdung des ursprünglich naturalistischen Elements Dorn hin zu einem überdimensionierten Gegenstand, der Konnotationen an typisch weibliche Kontexte evoziert.

Was uns nun in der Ausstellung auf dem Boden oder an den Wänden als Objekt begegnet, steht in seiner Sprödigkeit und Volumität in starkem Kontrast zu den von kräftigen Farben dominierten Gemälden bzw. Papier- oder Wandarbeiten der Künstlerin. Diese im ersten Moment monochrom anmutenden Gemälde sind häufig Arbeiten, die sich aus zwei überlagernden Farbtönen ergeben. Aus diesem Grund verwendet Julia Lohmann für ihrer Bilder gezielt die Bezeichnung ›Farbmalerei‹.

Die Leichtigkeit der rein abstrakten Farbigkeit – wie bei dem duotonalen Diptychon *Rotgelb-*

Rosen, Rosen oder doch Dahlien

Rosemarie E. Pahlke

In accordance with the familiar quotation 'no rose without thorns' Julia Lohmann does not deal with the blooms of this plant in her new objects but with the thorns (botanical: spines) that are felt to be rather a nuisance (*Ill. pp. 46, 47*).

Cast objects have been created which are compact, relatively handy, and have a 'particular' physiognomy. Their pallid colour is predetermined by the character of the material used – a plaster-like mass of china clay. And then one is surprised by the forms that do not immediately recall thorns but, with their arched, tapering base, can also arouse associations of the curves of the female breast or the high heel of a lady's shoe. This is a deliberate alienation of the originally naturalistic element, thorn, to an outsized object that evokes connotations of typically female contexts.

What we encounter in the exhibition as objects on the floor or on the walls is in distinct contrast in its harshness and volume with the artist's paintings and paper or wall-works which are dominated by intense colours. These paintings, seemingly monochrome at first glance, often owe their character to the superimposing of two coats of paint. That is why Julia Lohmann deliberately uses the term 'colour painting' for her pictures.

The lightness of the purely abstract colouring gives way to quite a different side of her œuvre: Lohmann's work almost seems to be about such contrary poles as day and night. The duo-tonal diptych Red-Yellow – Green-Yellow of 1999 (recently acquired for the Museum am Ostwall, Dortmund),[1] its parts complementary to each other, is a case in point.

Grüngelb von 1999, dessen Teile sich gegenseitig ergänzen und welches kürzlich für das Museum am Ostwall Dortmund erworben werden konnte[1] – weicht einer ganz anderen Seite ihres Œuvres: Fast scheint es sich in Lohmanns Werk um so konträre Pole wie Tag und Nacht zu handeln.

Denn im Sinne ihrer Konzentration auf Farben wäre für Julia Lohmann die Symbolik von Vergänglichkeit aber auch Fruchtbarkeit, die im Bereich der farbenfrohen Blüten anklingt, naheliegend gewesen. Wohl die wichtigste Künstlerin im 20. Jahrhundert, die sich primär auf diese Thematik konzentriert hat und die zugleich zu einer Ikone des Feminismus wurde, ist Georgia O'Keefe. Doch dieser Bezug hätte keine Herausforderung dargestellt. Anstelle der Fragilität der Blüte wird bei Lohmann das Martialische des Dorns in den Mittelpunkt der Interesse gerückt.

In der christlichen Ikonografie wird die Rose samt ihrer Dornen mit Maria in Verbindung gebracht. Hierbei beziehen sich die Exegeten auf das alttestamentarische Hohe Lied, insbesondere auf Hohes Lied 2, 1-2: »Ich bin eine Blume zu Saron und eine Rose im Tal. / Wie eine Rose unter den Dornen, so ist meine Freundin unter den Töchtern.« Beim Gebet zu Ehren der heiligen Maria wird der ›Rosenkranz‹ verwendet, ein Kranz geistlicher Rosen: die weiß, rot und goldfarben sind. Diese symbolisieren entsprechend den drei ›Gesetzen‹ des Rosenkranzes das Freudenreiche, Schmerzenreiche und Glorreiche.

For Julia Lohmann, given her concentration on colours, the symbolism of transience but also of fertility discernible in the realm of blooms would have seemed an obvious choice. Georgia O'Keefe is probably the most important female artist of the 20th century to have concentrated primarily on this subject, becoming an icon of feminism at the same time. But this reference would have been no challenge. With Lohmann the martial character of the thorns, not the fragility of the bloom is made the focus of interest.

In Christian iconography the rose together with her thorns is connected with Mary. Here the exegetes refer to the Song of Songs from the Old Testament and its rose imagery (Songs 2, 1-2: 'I am only a wild flower in Sharon, a lily [a rose in the German Luther Bible] in a mountain valley. / Like a lily [Luther: rose] among thorns is my darling among women.') The rosary is used for prayers in honour of Holy Mary, a garland of spiritual roses that are white, red and golden. In accordance with the three 'laws' of the rosary they symbolise the joyful, the painful and the glorious.

So the red rose through her colour refers to both the blood and the heart. [2] And in the context of Mary, leads to the theme of the mother in agony mourning the death of Christ. The thorns, also symbolising suffering and death as part of the crown of thorns and thus of the instruments of torture in the context of Christ's Passion, give an opportunity for eschatological hope, when they, like the thorn-bush – after Mary went through it – start to bloom. In a very special way the red rose stands for the Christian 'life through death' iconography.

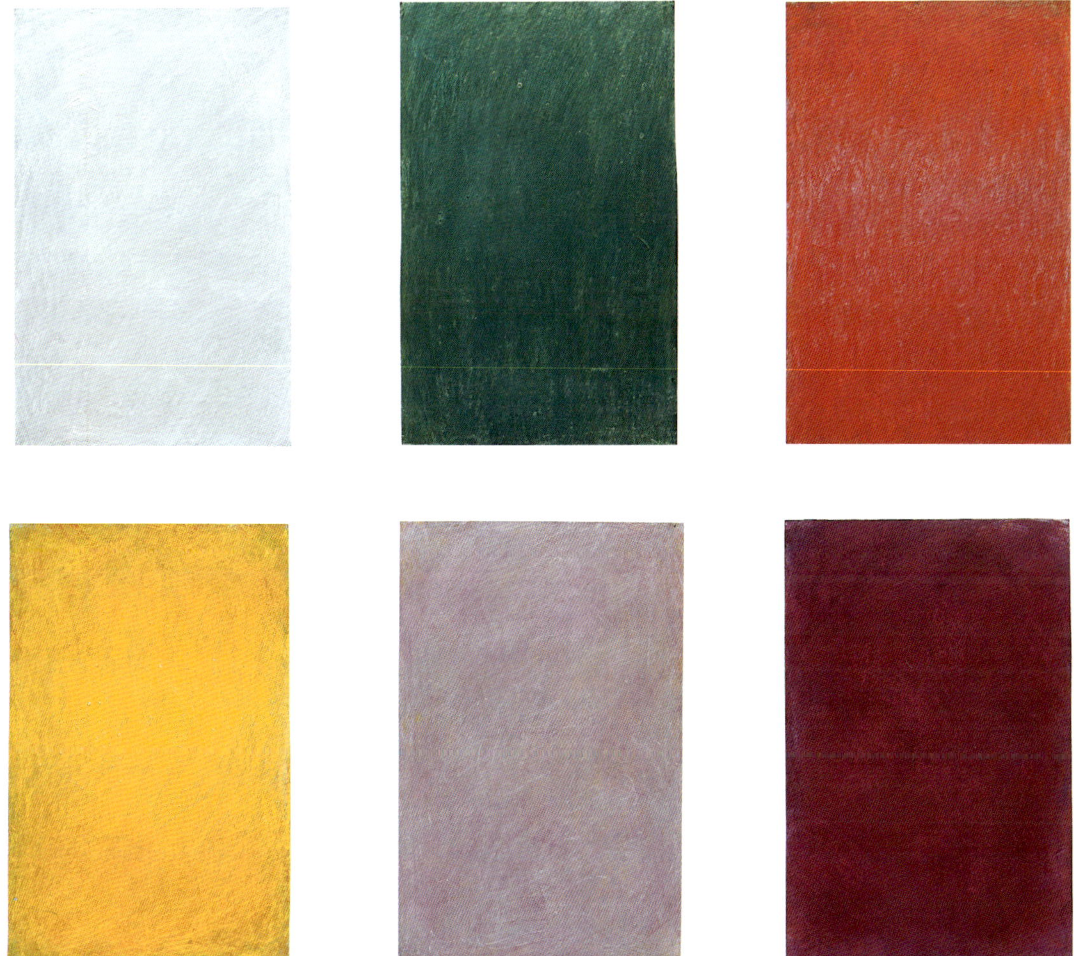

Pflanzenfarben, 2000
125 x 135 cm
Tempera auf eloxiertem Aluminium/
Tempera on anodized aluminium

So verweist die rote Rose durch ihre Farbe auf das Blut wie auch auf das Herz.[2] Und sie ergibt im Marienkontext das Thema der leidenden, über den Tod Christi trauernden Mutter. Die ebenfalls Leiden und Tod symbolisierenden Dornen als Teil der Dornenkrone und somit der Folterinstrumente im Zusammenhang mit der Passion Christi, bieten Anlass zur eschatologischen Hoffnung, wenn sie, wie der Dornbusch – nachdem Maria hindurch ging –, zu blühen anfangen. So steht die rote Rose auf ganz besondere Weise für die christliche ›Leben durch den Tod‹-Ikonografie.

Bei der künstlerischen Thematisierung von feministischen Fragestellungen fand in den sechziger und siebziger Jahren eine intensive Spiegelung des weiblichen Ichs im Kontext des Marienverständnisses statt. So schwankten die weiblichen Ideale zwischen den christlichen Frauentypen (eben besonders Maria) und den durch die Renaissance wiederaufgelebten antiken Frauenbildern (Venus). Maria, die den Typus von Enthaltsamkeit, Schönheit und Duldsamkeit im Schmerz verkörpert, wurde kontrastiert durch die Venus, die Schönheit und Sinnlichkeit zugleich repräsentiert. Beiden Frauenbildern wird eine große Verehrung entgegen gebracht, wobei die Rolle der Maria natürlich die undankbarere ist, da sie ein regressives, an Masochismus grenzendes Moment beinhaltet.

Diese Leidensproblematik als weibliches Ideal wurde und wird als ein Aspekt unter vielen gesellschaftlich-politisch festgelegten Unterdrückungsmechanismen im Rahmen der Frauen-

With feminist questions becoming a topic of art in the 1960s and 70s, an intensive preoccupation with the female ego as reflected in the perception of Mary took place. The ideals wavered between Christian types of women (especially Mary) and the classical female images revived by the Renaissance (Venus). Mary, embodying abstinence, beauty, and tolerance in suffering, was contrasted with Venus, embodying beauty as well as sensuality. Both female images are highly revered, the role of Mary of course being the less rewarding to emulate because it involves a regressive element verging on masochism.

This problem of suffering as a female ideal was and is fought in the context of the women's movement as one aspect among many of the socio-politically established mechanism of suppression. Unwanted suffering still is a very strong part of the lives of girls and women in many societies. Mutilation is part of convention, like the feet of Chinese women in former times or genital mutilation in other cultures.

With her specifically chosen references Julia Lohmann places her new objects in a context that deliberately turns away from Christian iconography and can be interpreted in a feminist sense instead: to have a thorn alternate between bosom and heel turns an instrument of suffering into an instrument of 'self-defence', as especially the female sex is well aware of the far-reaching possibilities opened up by using the 'female weaponry'.

bewegung bekämpft. So gehört ungewolltes Leiden in vielen Gesellschaften immer noch besonders stark zum Leben der Mädchen und Frauen. Die Verstümmelung gehört zur Konvention wie die der Füße bei den Chinesinnen früher oder die Genitalverstümmelung in anderen Kulturen.

Mit ihren bewußt gewählten Bezügen, plaziert Julia Lohmann ihre neuen Objekte in einen Kontext, der sich gezielt von der christlichen Ikonografie abwendet und anstelle dessen feministisch interpretiert werden soll: einen Dorn zwischen Busen und Schuhabsatz changieren zu lassen, macht aus einem Leidensinstrument ein Objekt der ›Selbstverteidigung‹, ist sich doch ganz besonders das weibliche Geschlecht über die weitreichenden Möglichkeiten bewußt, die sich durch den Einsatz der sogenannten ›Waffen der Frau‹ eröffnen.

1 Dieses Dyptichon wurde 2001 von der Werner Richard – Dr. Carl Doerken Stiftung, Herdecke für die Sammlung des Museums am Ostwall Dortmund angekauft.
2 Nicht umsonst gilt die rote Rose noch heute als Liebesbeweis oder dient dem beziehungsinternen Wiedergutmachungsversuch.

1 This diptych was bought in 2001 by the Werner Richard – Dr. Carl Dörken Foundation, Herdecke, for the collection of the Museum am Ostwall Dortmund.
2 Not for nothing is the red rose even today considered a proof of love or used in attempts to make amends in relationships.

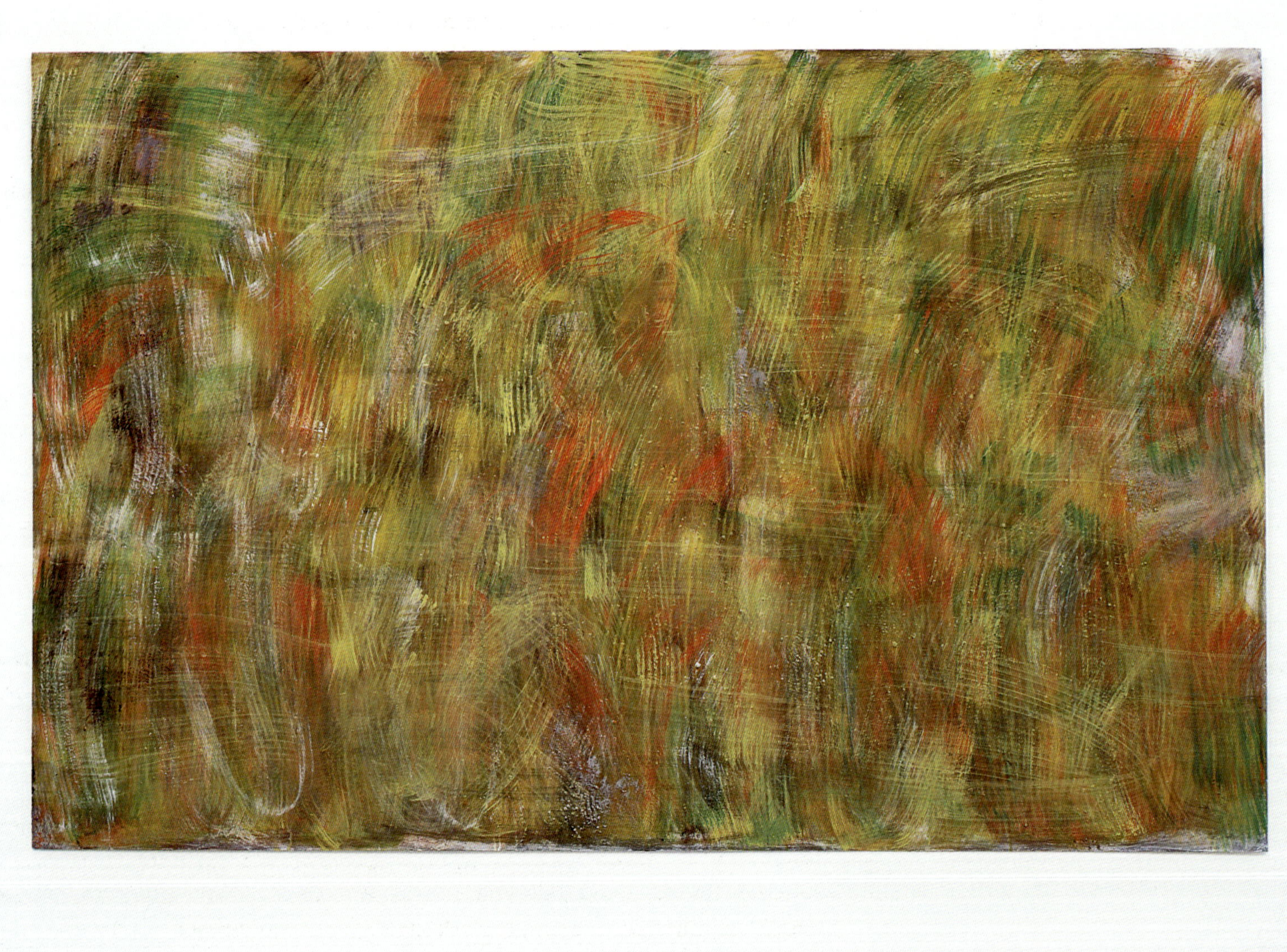

Spielräume

Anette Kruszynski

Die Wirtschaft erschließt sich neue Märkte. Gewinner werden gefeiert, Verlierer meist unerwähnt gelassen. Den Alltag bestimmen Kosten-Nutzen-Rechnungen. Das Schlagwort unserer Zeit heißt Globalisierung. Die Nachteile sind genauso schnell spürbar wie der willkommene Effekt, in unserer kleiner gewordenen Welt immer und überall zuhause zu sein *(Abb. S. 80, 81)*.

Globalisierung ist ein Begriff, den Julia Lohmann jenseits wirtschaftlicher Diskussionen und Erörterungen, zu ihrem Motto hätte erklären können. Doch schätzt sie derartige Ettikettierungen nicht und will auch nicht in ein Fahrwasser politischer Auseinandersetzungen geraten. Julia Lohmann hat nahezu alle Kontinente kennengelernt. Sie hat in asiatischen, amerikanischen und europäischen Ländern gearbeitet. Doch war es nie ihr Ziel, neue Märkte zu erobern. Ihre persönliche Methode der Globalisierung hat sie entwickelt, um ein Bewußtsein zu schaffen, das als Grundlage für verantwortungsvolles Handeln dient. Denn für die Künstlerin Julia Lohmann bilden alle historisch, geographisch und kulturell gewachsenen Kulturen die Grundlage ihrer kreativen Arbeit. Ihre Unternehmungen bieten Einsichten nicht nur in die Strukturen unseres vergangenen Zusammenlebens, sondern vermitteln auch Erkenntnisse über den Zustand unser heutigen Gesellschaft und deren Chancen für die Zukunft.

Einen Ansatz zum Verständnis der meist sehr heterogenen Aktivitäten Julia Lohmanns bietet der Begriff des Raumes. Darunter lassen sich die unterschiedlichen Bezüge zwischen Bereichen wie Abgrenzung, Verbindung oder Überlagerung vereinen, um die es der Künstlerin vor

Realms of Play

Anette Kruszynski

Commerce is finding and opening new markets. Winners are celebrated, losers, mostly, left unmentioned. The daily routine is determined by cost/benefit calculations. The buzzword of our times is globalisation. The disadvantages are tangible as quickly as the welcome effect in our shrinking world, of being at home at any time, any place *(Ill. pp. 80, 81)*.

Globalisation is a term that Julia Lohmann could have declared as her motto in a sense beyond any economic debate or definition. But she neither esteems such labelling, nor does she wish to find herself following in the wake of political disputes. Lohmann has come to know almost every continent. She has worked in Asian, American and European countries. But it was never her aim to conquer new markets. Her personal method of globalisation is one of her own development in order to create an awareness as the basis for acting with responsibility. For, to the artist, Julia Lohmann, all historically, geographically and culturally evolved civilisations form the foundation of her creative work. Her projects not only offer insights into the structures of the way we used to live together, but also convey such about the state of our society today and its potential for the future.

One door to understanding Julia Lohmann's mostly very heterogeneous activities lies in the concept of space. It is the common factor of the different connections between spheres, such as delimitation, connection or overlapping, that constitute the artist's primary concern. The term is also important, however, in relation to the mastery of space in creative interpretation through

Rumpelstilzchen, 2000
125 x 200 cm

allem geht. Der Begriff ist aber auch im Zusammenhang mit der Bewältigung des Raumes in der gestalterischen Umsetzung durch ein bildkünstlerisches Konzept wichtig. Julia Lohmanns Tätigkeiten können mit der Bezeichnung »Spielräume« umschrieben werden. Die Künstlerin beschränkt sich nicht auf das Malen und das Erschaffen von Installationen und Skulpturen, auch wenn es sicher zu einer ihrer zentralen Beschäftigungen gehört. Sie ist gleichermaßen Autorin von Texten, Fotos und Filmen zu sehen, darüber hinaus ist sie Forscherin, die das Erfragen ihr unverständlicher Sachverhalte zu einem zentralen Aspekt ihrer Arbeit gemacht hat.

Studio

Mit dem Begriff studio kann man einen Raum bezeichnen, im Englischen versteht man darunter ein Atelier, im Italienischen bedeutet es seit der Renaissance Arbeits- und Forschungszimmer. Im Lateinischen steht das Wort studium für Neigung, Eifer, auch für wissenschaftliches Streben. Julia Lohmann ist mit diesen Bedeutungsvarianten vertraut, doch geht es ihr nicht um eine philologische Erörterung. Die Aspekte des Terminus ermöglichen es aber, sich den unterschiedlichen Facetten der Arbeit der Künstlerin zu nähern.

Zunächst gehört ein studio, ein Atelier zur Ausstattung der Künstlerin, wo sie vorwiegend ›handwerklich‹ tätig ist. Sie verfügt aber auch über eine Art Studierzimmer, in dem Texte und

a visual artistic idea. Lohmann's activities can all be called scope or realms of play. The artist does not stop at painting and the creating of installations and sculptures, though this is certainly one of her central activities. She is as much the author behind texts, photographs and films and a researcher who has made it a central element in her work to enquire into circumstances that strike her as incomprehensible.

Studio

The concept of the studio can be applied to a space – in English it is common parlance for the artist's place of work, in Italian it has meant, since the Renaissance, a room for work and research. The Latin *studium* stands for inclination and zeal, and scholarly striving. Julia Lohmann is familiar with these semantic variations, but again, philological elucidation is not her aim. The various aspects of the term do offer us some access, however, to the diverse facets of this artist's work.

A *studio*, the artist's workshop, is first and foremost part of the artist's wherewithal: the place where she is active chiefly on the material level. But she also has a kind of *study*, where texts and concepts come about. This is the place where her observations, the results of her researches, converge. That is also the location of her archive.

It is to the sphere of research that Julia Lohmann's historical interest belongs. The artist

Konzepte entstehen. Es ist der Ort, wo ihre Beobachtungen, die Ergebnisse ihrer Forschungen zusammenlaufen. Da ist auch ihr Archiv beheimatet.

In den Bereich der Forschung gehört Julia Lohmanns historisches Interesse. Die Künstlerin beschäftigt sich mit anderen Epochen, fernen Zeiträumen und gräbt somit wortwörtlich in der Vergangenheit. Sie wandert in unterschiedlichen historischen Räumen. Eines ihrer Projekte fand 1997 in Berlin statt, wo sie in Film und Fotografie die archäologischen Grabungen dokumentierte, die bei der Fundamentlegung für einen Neubau notwendig geworden waren. Unmittelbar neben dem Dorotheenstädtischen Friedhof im Bereich des Gebietes Hannoversche Straße/Chausseestraße entstand der Bau eines katholischen Zentrums. Man stieß auf die Überreste von Grabstätten. Lohmann erkundete das Terrain und verfolgte die wissenschaftliche Sichtung der Fundstücke. Mit Befremden registrierte sie den nüchternen Fortgang der Arbeiten, hatte sie doch erwartet, daß die Ruhe der Toten in geweihter Erde unantastbar sei.

Eine Luftaufnahme des ehemaligen Friedhofs mit der Einteilung der Gräber in horizontaler Anordnung zeigt Felder unterschiedlicher Größen und Struktur. Sie bilden eine ausgeglichene Komposition verschiedener gestalterischer Werte, eine Balance aus Farben und Formen. Es sind die Aufenthaltsorte der Toten, die zu Lebzeiten für ihre Meinungen, Haltungen und Denkweisen gestritten haben. In ihren Gräbern bieten sie ein harmonisches Bild des Gleichgewichts. Bis zu den Baumaßnahmen ruhten sie in friedlichem Nebeneinander *(Abb. S. 56, 57)*.

explores other eras, distant periods of time, and so literally digs into the past. She wanders through different historical spaces. One of her projects took place in Berlin in 1997, where she recorded in film and photographs the archaeological excavations that had become necessary in the course of the foundation work for a new building. Abutting on the Dorotheenstadt Cemetery, in the area defined by Hannoversche Strasse and Chausseestrasse, a new Catholic centre was being built. The remains of graves were found. Lohmann investigated the terrain, and followed the scientific sifting of the finds. She registered with dismay the sober progress of the work, having always thought the peace of the dead to be their inalienable right in hallowed ground.

An aerial photograph of the former cemetery with the allocation of the graves in a horizontal arrangement shows fields of varying sizes and structures. They form a balanced composition of diverse compositional factors, a balance of colours and shapes. These are the sojourn of the dead who in life fought for their opinions, attitudes and ways of thinking. In their graves they represent a harmonious picture of equilibrium. Until the building works, they rested in peace side by side *(Ill. pp. 56, 57)*.

In the course of her investigations, Julia Lohmann chanced upon the grave of Georg Friedrich Wilhelm Hegel, whose body had already had to suffer a relocation from his original place of rest owing to city planning measures at the end of the nineteenth century *(Ill. p. 61)*. When studying

Bei ihren Untersuchungen stieß Julia Lohmann auf das Grab von Georg Friedrich Wilhelm Hegel, der aufgrund von stadtplanerischen Vorhaben bereits Ende des 19. Jahrhunderts aus seiner ursprünglichen Ruhestätte umgebettet werden mußte *(Abb. S. 61)*. Bei der Beschäftigung mit dem Philosophen und seinem Nachwirken weckte vor allem die Theorie der Dialektik das Interesse der Künstlerin. In dem Film *Kopfstand*, 1999 *(Abb. S. 69)*, geht sie der These nach, daß dem Denkmodell der Dialektik ein monologischer Ansatz zugrundeliege: Widerstreitende Positionen werden nämlich in These und Antithese nur vorgestellt, um letztendlich in der Synthese eingeschmolzen zu werden. Eine tatsächliche Auseinandersetzung mit offenem Ausgang und möglicherweise ohne Einigung ist nicht vorgesehen. Ein solcher Gedanke erschreckt Julia Lohmann und widerspricht zutiefst ihrer eigenen Haltung, denn sie ist eine aktive Streiterin für die Gleichberechtigung unterschiedlicher Positionen und fordert ein ebenso tolerantes Nebeneinander der Meinungen, wie sie es in der Fotografie der nebeneinander in friedlicher Koexistenz aufgereihten Grabungsstätten zeigte.

Die Beschäftigung mit Hegel führte Julia Lohmann zum Alten Museum in Berlin. Das Gebäude wurde von dem mit dem Philosophen geistig verbundenen Karl Friedrich Schinkel in der Gestalt einer Kirche 1824-28 erbaut und paraphrasiert die Form des Sakralbaus. Hier stößt die Künstlerin auf den Begriff studio. Der heilige Tempel der Kunst trägt ihn in der Inschrift über dem Portal: FRIDERICUS GUILELMUS III STUDIO ANTIQUITATIS OMNIGENAE ET ARTIUM

the philosopher and his influence on posterity, it was the theory of dialectics that particularly interested the artist. In the film, *Kopfstand* ('Headstand') of 1999, *(Ill. p. 69)*, she pursues the theory that underlying the conceptual model of dialectics lay a monological approach; for contradictory positions are presented in thesis and antithesis only to be ultimately merged in synthesis. Hegel does not entertain the option of a genuine discourse with an unknown conclusion and the possibility of no concord being reached. Such an idea alarms Lohmann and it runs counter to her own attitude profoundly, for she is an active defender of equal rights for differing stances and demands a tolerant co-existence of opinions just as she showed in the photograph of the excavation sites arranged in peaceable coexistence side by side.

Her study of Hegel took Lohmann to the Altes Museum in Berlin. This was built in 1824-8 by Karl Friedrich Schinkel, in his mental set a companion of Hegel's; it has the outer form of a church – an architectural paraphrase. Here, Julia Lohmann encountered the concept of the studio. The sacred temple of art bears it in the inscription over the portal – FRIDERICUS GUILELMUS III STUDIO ANTIQUITATIS OMNIGENAE ET ARTIUM LIBERALIUM MUSEUM CONSTITUIT MDCCCXXVIII – 'Frederick William III erected the Museum in 1828 for the study of Antiquity of every kind and of the Liberal Arts' *(Ill. p. 65)*.

The Altes Museum is thus a central location for study, but given the backdrop of this special architecture, above all a hallowed place. Here, testimonies to times past are collected, preserved,

Ich mal dir jetzt ein Bild, 2000
temporäres Wandbild/*temporary mural*
Galerie J. Friedrich Dortmund

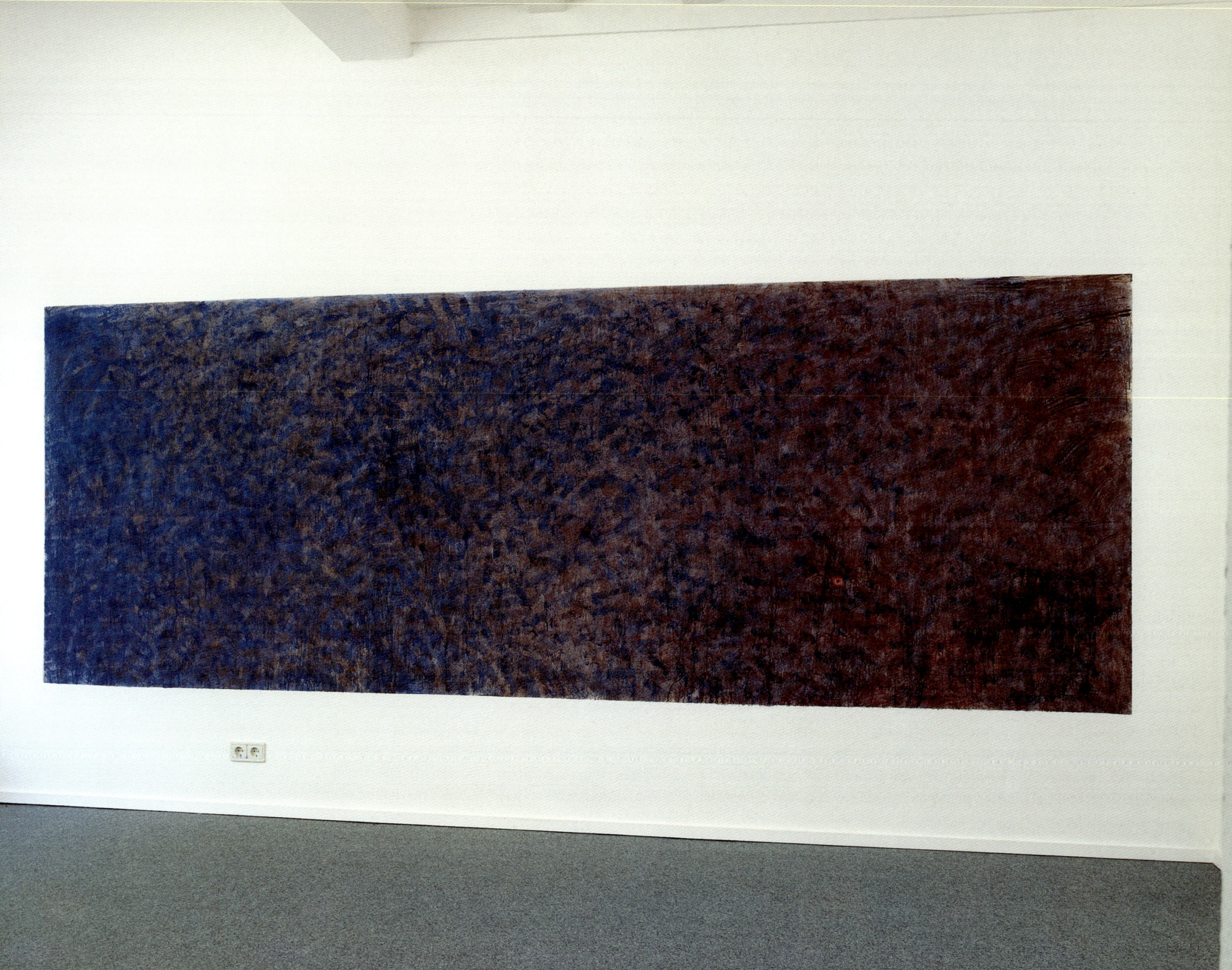

LIBERALIUM MUSEUM CONSTITUIT MDCCCXXVIII (Friedrich Wilhelm III. hat das Museum zur Erforschung des Altertums jeder Art und der freien Künste 1828 errichtet *(Abb. S. 65)*.

Das Alte Museum ist somit zentraler Ort des Studiums, vor dem Hintergrund der speziellen Architektur des Alten Museums vor allem aber ein geweihter Ort. Hier werden Zeugnisse vergangener Zeiten gesammelt, bewahrt, erforscht und vermittelt. Julia Lohmann fragt sich, ob es in dieser Institution eine Gleichberechtigung der gefundenen Zeugnisse gibt und erinnert an ihr Engagement in diesem Bereich. Denn aufgrund einer grundlegenden Unzufriedenheit mit den Museen, die sich aus ihrer Sicht rückwärtsgewandt und wenig flexibel mit Teilaspekten und eingeschränkten Sichtweisen beschäftigen, hat Julia Lohmann sich aktiv an dem Paul Pozzozza Museum engagiert. Das nach seinem legendären Gründer benannte Haus gilt als Garant für überraschende Aktionen. Das virtuelle und zugleich reale Museum ist nicht nur für seine unkonventionellen Filialen bekannt, sondern auch für die subtilen und subversiven Unternehmungen an unerwarteten Orten. Das Paul Pozzozza Museum stellt das Selbstverständnis der Institution in Frage, lehnt Stillstand und Zementierung des Tradierten ab, fordert Offenheit, Beweglichkeit, sowie lebendige Auseinandersetzung mit unterschiedlichen Denkweisen und Positionen. *(Abb. S. 70, 71)*

On Lockheed Salvage, 1992
Installation Mandeville Gallery UC San Diego

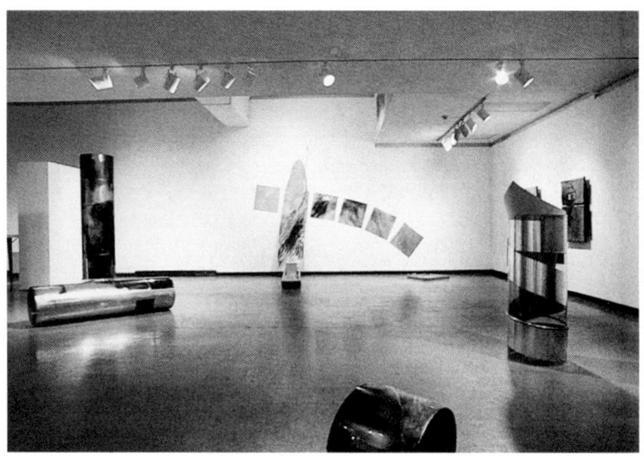

Material und Geographie

Julia Lohmann hat an vielen Orten der Erde gearbeitet. Sie war in Ländern wie Brasilien, China,

researched and communicated. Lohmann asks herself whether this establishment allows equal status to these found testimonies, and recalls her commitment to this sphere. It is out of a fundamental dissatisfaction with the museums, which, in her view, are preoccupied only with retrospective and hardly flexible approaches to partial aspects and restricted perspectives, that Lohmann's active commitment to the Paul Pozzozza Museum stems. Named after its legendary founder, that institution has a reputation as a reliable source of surprising events. The at once virtual and real museum has a name, not only for its unconventional outside departments, but also for its subtle and subversive operations in unexpected places. The Paul Pozzozza Museum undermines the self-image of the institution, rejects the inertia and cementing of the traditional and demands openness, mobility and a lively engagement with different ways of thinking and different stances *(Ill. pp. 70, 71)*.

Material and Geography

Julia Lohmann has worked in many places on this globe. Countries she has visited include Brazil, China, Cuba, Israel, Japan, Pakistan, Slovenia, Turkey, the United States and Yemen. These many bases have enabled the artist since the 1980s to build up a wide geographical network, so the juxtaposition or interplay of cultures is a consistent and decisive factor in her works. The varied geographical spaces in which she is active convey both the artificiality and the arbitrari-

Israel, Japan, Jemen, Kuba, Pakistan, Slowenien, Türkei oder in den USA. Durch diese vielen Standorte hat sich die Künstlerin seit den 80er Jahren ein umfassendes geographisches Netzwerk geschaffen. Das gleichberechtigte Neben- oder Miteinander von Kulturen gehört daher zu den entscheidenden Merkmalen ihrer Arbeiten. Die unterschiedlichen geographischen Räume, in denen sie tätig ist, vermitteln die Künstlichkeit und zugleich die Zufälligkeit des eurozentristischen Denkens. Ihr setzt Julia Lohmann die Haltung entgegen, daß sie an dem Ort, an dem sie sich aufhält und arbeitet, und unabhängig von Kontinenten ihren momentanen Mittelpunkt sieht.

Als einen gedanklichen Ausgangspunkt wählte sie Los Angeles. Ihre Entscheidung fiel nicht, wie bei vielen Künstlerinnen und Künstlern, auf New York, das als das Zentrum zeitgenössischer Bewegungen gilt, geradeso wie es bis in die Mitte des vergangenen Jahrhunderts Paris gewesen ist. Julia Lohmann entschied sich für das sonnige Kalifornien, wo sie sich 1989 im Rahmen eines interkulturellen Festivals ein Atelier einrichtete. Ein entscheidender Impuls für ihre eigene Arbeit kam von Künstlern aus Mittelamerika, die erklärt hatten, daß sie müde seien, sich immer wieder von der Entdeckung Amerikas und der Einführung der Zivilisation durch die Kolonialherren berichten zu lassen und stellten dieser eurozentristischen Haltung entgegen, daß ihre eigene Kultur lange vor der Landung Kolumbus bestanden habe. Derartige Berichte haben Julia Lohmanns Bewußtsein für gefährdete Existenzen und Kulturen geschärft, so daß

Violence, 1993
Künstler-/*Artist*-Camp Lahore, GI Karachi/Lahore Pakistan

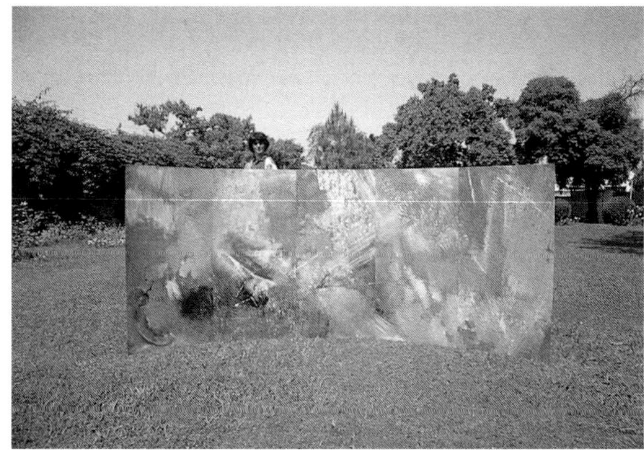

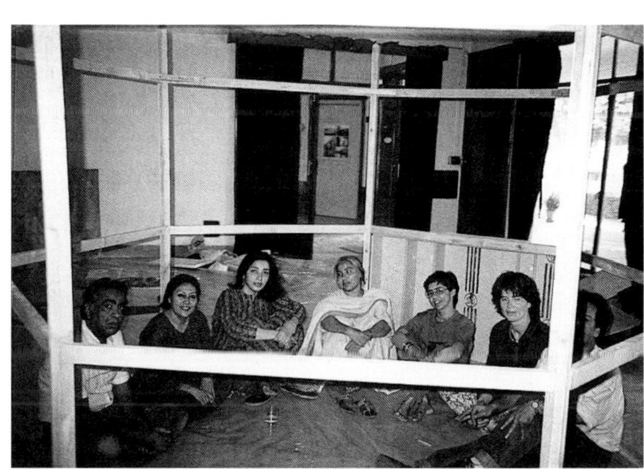

ness of Eurocentric thinking. Against it, Lohmann sets the outlook of seeing her base as where she happens to be staying and working at the time, irrespective of which continent.

A point of departure in her mind was Los Angeles. She did not opt for New York, the choice of many artists as the centre of contemporary currents much as Paris was until the middle of the last century. Julia Lohmann chose sunny California, where she set up her studio in 1989 during an intercultural festival. A decisive impulse for her own work came from artists from Central America who had declared themselves weary of hearing the tale of the discovery of America and the introduction of civilisation by the colonial masters, and who countered that Eurocentric stance with the fact that their own culture had been there long before Columbus. Reports of that kind sensitised Lohmann's awareness of endangered ways of life and cultures, and the conditions pertaining at the geographical spaces she visited became central aspects of her artistic activity.

An example of her reflections on specific cultural, geographical and historical features is *Abacus*, a calculation frame *(Ill. p. 35)* blown up to table proportions (79 1/2 x 63 3/4 x 35 1/2 in.). The work, which quite fills a room, was developed in Istanbul in 1999, out of two porcelain rice-bowls joined to form a sphere *(Ill. p. 33)*. Lohmann multiplied this nuclear form, mounted it in a frame in traditional abacus construction, and turned the calculator into a kind of gaming table. The leap in scale does more than place the calculator of daily use in Asian and Southeast Europe-

sich die Bedingungen der geographischen Räume, in denen sie sich aufhielt, zu zentralen Aspekten ihres künstlerischen Schaffens entwickelten.

Ein Beispiel der Reflexion über kulturelle, geographische und historische Besonderheiten ist der *Abacus (Abb. S. 35)*, ein auf Tischgröße (202 x 162 x 90 cm) vergrößerter Rechenrahmen. Julia Lohmann entwickelte die raumfüllende Arbeit 1999 in Istanbul aus zwei zu einer Kugelform verbundenen Reisschalen aus Porzellan *(Abb. S. 33)*. Sie vervielfachte diese Kernform, montierte sie analog zum Aufbau des traditionellen Abacus in einen Rahmen und machte aus der Rechenmaschine eine Art Spieltisch. Durch den Proportionssprung rückte sie das in südosteuropäischen und asiatischen Ländern täglich benutzte Rechengerät nicht nur dominant ins Blickfeld, sondern unterstrich den Nutzen des ursprünglichen Gerätes, den er beim täglichen Handel und im internationalen Warenaustausch einnahm zusätzlich dadurch, daß sie die Kugeln gegen Dinge, die ihr Freunde und Bekannte gaben, tauschte *(Abb. S. 36, 37)*. Julia Lohmanns *Abacus* betonte so die Bedeutung, die die Rechenmaschine als Symbol für Handel und Wirtschaftsbeziehungen besaß, und zwar um so ausdrücklicher, wenn man seine Funktionsweise mit der des Computers, eines heute unverzichtbaren Hilfsmittels der Wirtschaft, vergleicht.

Der *Abacus* versinnbildlicht die wirtschaftliche Vernetzung geographischer Räume. Es ist nicht zufällig, daß Julia Lohmann die Idee zu dem Werk in der Türkei kam, das als der histo-

an countries in the limelight; it further underscores the use of the archetypal instrument in day-to-day trade and in the international exchange of goods in that the artist has exchanged the spheres for objects given her by friends and acquaintances *(Ill. pp. 36, 37)*. Julia Lohmann's *Abacus* has thus emphasised the significance of the calculating machine as a symbol for trade and economic relations, and this all the more forcefully when its mode of operation is compared to that of the computer, today's indispensable aid in trade and industry.

The *Abacus* embodies the economic links between geographical arenas. It is no coincidence that the idea for the work came to Lohmann in Turkey, the historical turntable for trade between east and west and north and south as well as the bridgehead to the Asian world.

Lohmann replaced the wooden beads with spheres of white clay. The choice of a material related in its properties to china clay again evokes the trade routes from east to west. Unlike the Coke tin as a symbol for the world of Western trade, this material looks back on a very long history. In the East, porcelain and kaolin were not only developed, but also used before the Europeans thought of doing so. It has remained a modern medium, for example in hi-tech applications.

Some of the spheres in *Abacus* are coloured cobalt blue, others white or turquoise. The colours allude to the associations that subsist between different cultures irrespective of geographical borders. In the East as in the West, such pigments have a special, sometimes spiritual meaning, being

Vermessen und begrünt, 1996
Installation Galerie Hete A. M. Hünermann im Ratinger Tor Düsseldorf

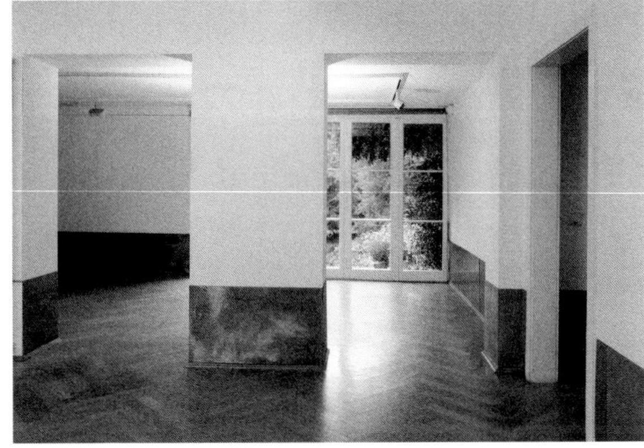

rische Drehpunkt des Handels zwischen Ost und West und Nord und Süd und zugleich als Brückenkopf in die asiatische Welt galt.

Die Holzkugeln ersetzte Julia Lohmann durch Kugeln aus weißem Ton. Die Entscheidung für ein Material, das in seinen Eigenschaften dem Porzellan verwandt ist, verweist ebenfalls auf die Handelswege von Ost nach West. Im Unterschied zur Cola-Dose, als Symbol der westlichen Wirtschaftswelt, blickt dieses Material auf eine sehr lange Geschichte zurück. Im Osten wurde Porzellan wie auch der weiße Ton nicht nur entwickelt, sondern auch schon genutzt, bevor die Europäer es verwandten. Noch heute wird es beispielsweise in der Hochtechnologie eingesetzt.

Manche Kugeln des *Abacus* sind kobaltblau, andere weiß oder türkis gefärbt. Die Farben spielen auf die über geographische Grenzen hinweg existierende Verbundenheit unterschiedlicher Kulturen an. Sie besitzen im Osten wie Westen eine besondere, bisweilen spirituelle Bedeutung, weil sie aus einem sehr wertvollen und kostspieligen Stoff hergestellt wurden. In China ist Kobaltblau die Farbe, die bei der Porzellanherstellung zum Einsatz kam. Türkis gehört zu den in der Türkei häufig verwendeten Tönen. Die Übertragung vom robusten Werkstoff Holz in das bruchgefährdete Material weißer Ton ist ein Hinweis auf die Fragilität der für Irritationen anfälligen Beziehungen. Zur Erhaltung der empfindlichen Kugeln ist bei der Nutzung der Handelswege und auch der fernen Kulturen eine sensible Handhabung geboten.

made out of extremely precious, expensive raw material. In China, cobalt blue is the pigment that was used in the manufacture of porcelain ware. Turquoise is one of the tones often used in the country that gave it the name. The translation from the robust source material of wood to fragile white clay is a pointer to the fragility of relations with their vulnerability to disruption. Sensitive handling is called for if these fragile spheres are to survive the journey along the trade routes; sensitive handling a premise for the encounter between cultures on the distant way.

The choice of working material is a crucial factor in all of Julia Lohmann's works. On her sojourns in various countries, the artist has responded to the encounter with unfamiliar cultures and to the specific conditions in situ, and as far as possible, used materials from the immediate vicinity. A concomitant is that such materials are often charged with local meaning. From 1989 to 1992, for example, in the Mojave Desert in America, she worked aeroplane parts from a nearby scrap yard into painted sculptures. During her stay in Japan, the traditional home of paper processing, that medium was her main preoccupation *(Ill. pp. 40, 41)*. In Pakistan in 1993, at an artists' Camp on the theme of violence, her central subject was the social conditions of the host country. Against the backdrop of restrictive rules that govern human/social relationships there, Lohmann developed composite works in collaboration with Pakistani artists. The encompassing sculptural aspect of the project stood in stark contrast to the indigenous works. The latter are mostly small-scale as soon as they are conceived as an autonomous expression of artistic

Die Wahl des Werkstoffs ist bei allen Arbeiten Julia Lohmanns von großer Wichtigkeit. Bei Aufenthalten in verschiedenen Ländern reagierte die Künstlerin – ausgelöst durch die Begegnung mit fremden Kulturen – auf die spezifischen Bedingungen und verwendete nach Möglichkeit unmittelbar aus der Umgebung stammende und daher oft inhaltlich besetzte Materialien. In der amerikanischen Mojave-Wüste verarbeitete sie 1989 bis 1992 Flugzeugteile eines nahegelegenen Schrottplatzes zu bemalten Skulpturen. Während Julia Lohmanns Aufenthaltes in Japan, dem traditionellen Land der Papierverarbeitung, stand die Beschäftigung mit diesem Medium im Zentrum des Interesses *(Abb. S. 40, 41.)*. Im Rahmen eines Künstlercamps zum Thema Gewalt, das 1993 in Pakistan stattfand, waren die gesellschaftlichen Bedingungen des Landes zentrales Thema. Vor dem Hintergrund der restriktiven Beschränkungen, die den Umgang der Menschen untereinander bestimmen, entwickelte Julia Lohmann gemeinsam mit Künstlern des Landes eine mehrteilige Gestaltung. Die raumgreifende Dimension dieses Projektes stand in nachhaltigem Widerspruch zu einheimischen Arbeiten. Denn diese haben überwiegend kleine Formate, wenn sie in Abgrenzung zur offiziell anerkannten Kunstproduktion als autonomer Ausdruck künstlerischer Selbstbehauptung entstehen.

Farben und Räume

In unmittelbarem Zusammenhang mit der Erforschung historischer Epochen und der Beschäf-

assertion, distinct from the officially sanctioned artistic output.

Colours and Spaces

Lohmann's researches into historical eras and her exploration of geographical territories are closely related to the spaces she makes, physically or virtually. These include realms of colour that can quite absorb the viewer, and spaces to walk into in the literal sense. Another characteristic common to all these works is the integration of the location and its conditions *(Ill. pp. 83, 84)*. In the installation entitled *Zeit-Raum und Gedankenflug* ('Space-time and Flight of Thoughts', *Ill. p. 21*), realised in the central hall of the Volkssternwarte observatory in Bonn in 1994, the artist took her inspiration from the changing astronomical methods used to observe the celestial bodies and made the relationship between time and space her theme on a general plane. The work, completed in co-operation with Carlotta Brunetti, takes the environment on board, beginning with the title. The materials used, such as glass fibre cable and transparent screens also appear to be associated with the observatory equipment. The paint, applied with verve, also tells of both, the creative process which Lohmann invites the viewer to retrace, and the relation to the vast distances of the universe and the high speeds needed in exploring it.

The location can become so integral to the work that the former can alter the latter according to its own laws. This occurred in the garden project Julia Lohmann began in 1999. Here, it is

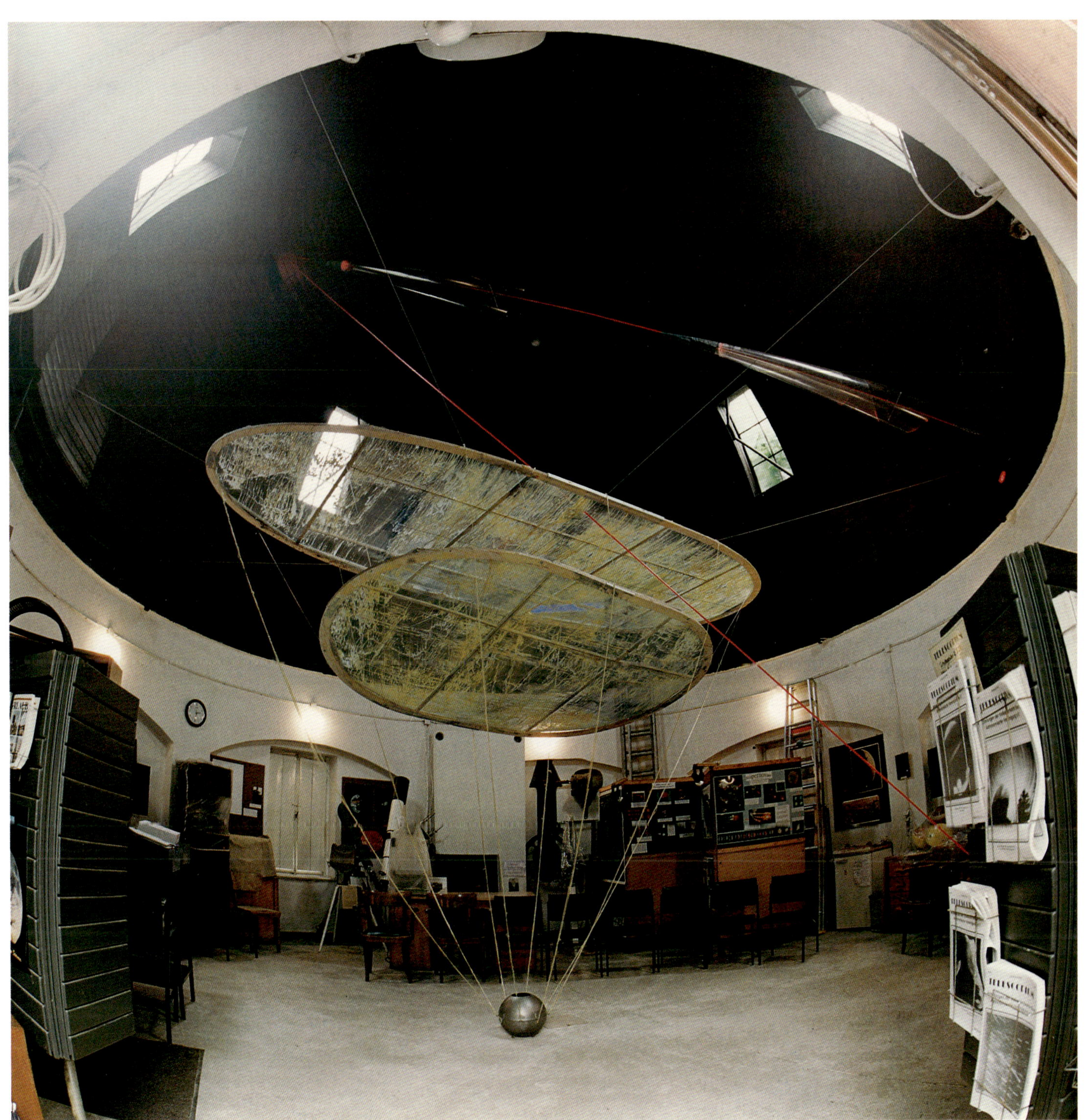

Zeitraum und Gedankenflug, 1994
Julia Lohmann/Carlotta Brunetti
ca. 800 x 600 x 300 cm
Installation in der/*at* Volkssternwarte Bonn

tigung mit geographischen Gebieten stehen die Räume, die Julia Lohmann real oder virtuell künstlerisch gestaltet. Dazu gehören Farbräume, in die sich der Betrachter versenken kann, aber auch begehbare Räume. Charakteristisch ist auch bei all diesen Arbeiten die Einbeziehung des Ortes und seiner Bedingungen *(Abb. S. 83, 84)*. Bei der 1994 im Zentralraum der Bonner Volkssternwarte realisierten Installation *Zeit-Raum und Gedankenflug (Abb. S. 21)* ließ sich die Künstlerin von den sich wandelnden Methoden der Astronomie zur Beobachtung der Himmelskörper inspirieren und thematisierte auf einer allgemeinen Ebene das Verhältnis zwischen Zeit und Raum. Die in Zusammenarbeit mit Carlotta Brunetti entstandene Arbeit reflektiert bereits im Titel die Umgebung. Die verwendeten Materialien wie Glasfaserkabel und transparente Schirme scheinen ebenfalls mit der Ausstattung der Sternwarte in Zusammenhang zu stehen. Und auch die schwungvoll aufgetragene Farbe gibt nicht nur Auskunft über den Herstellungsprozeß, den Julia Lohmann den Betrachter nachvollziehen läßt, sondern steht in Beziehung zu den ungeheuren Entfernungen des Universums, für deren Erforschung hohe Geschwindigkeiten notwendig sind.

Der Bezug auf den Ort kann soweit gehen, daß die Umgebung selbst die Arbeit Julia Lohmanns nach eigenen Gesetzen verändert, wie bei dem Bonner Gartenprojekt, das 1999 begonnen wurde. Das natürliche Wachstum bestimmte hier das Aussehen der Installation und unterlag den jahreszeitlichen Veränderungen *(Abb. S. 76, 77)*.

natural growth that determined the look of the installation – growth and seasonal change *(Ill. pp. 76, 77)*.

Lohmann's painting on the walls of the rooms of Hete Hünermann's gallery in Düsseldorf in 1996 was another work in relation to place. The gallery is housed in the Neo-classical Ratinger Tor gatehouse abutting the old town park. Her abstractifying translation of the park landscape into green painted bands in the gatehouse created a new connection between interior and exterior; but it also invoked the debate that arose in the eighteenth century – like the park – about the interpenetration of nature and architecture.

The paintings completed in Lohmann's studio, by contrast, reveal little of their genesis. These, too, are about spaces, colour realms. The paint is applied on metal sheet and the sheets hung flat on the wall, so that an effective contrast forms between the painted, virtual depth and the flatness of the material. Lohmann dispenses with a frame, this being the only way to let the forces in the painting emanate beyond the surface. These paintings unite with the ground and become one with the wall.

The metal sheeting used is cut into simple, plain rectangles. They recall the reduced shapes of the Constructivists. The dimensions of the sheets vary but always keep to a scale that allows the viewer a sense of being an interlocutor on an equal footing with the work. Within the picture surfaces, chromatic spaces come about. The colour is painted or stippled on. In contrast to the

Auch bei der malerischen Ausstattung der Räume der Düsseldorfer Galerie Hete Hünermann 1996 ging es um die Gestaltung in Bezug auf den Ort. Die abstrahierende Übertragung der Parklandschaft zu grünen gemalten Bändern im Ratinger Torhäuschen schuf nicht nur eine neue Beziehung zwischen dem Innen- und Außenraum, sondern rief auch die im 18. Jahrhundert aufgekommene Diskussion der Durchdringung von Natur und Architektur wach.

Über ihre Entstehungsbedingungen geben die Bilder, die im Atelier entstehen, kaum Auskunft. Auch bei diesen handelt es sich um Räume, Farbräume. Die Farbe ist auf Bleche aufgetragen und liegt flach auf der Wand auf, so daß sich zwischen der gemalten, virtuellen Tiefe und der Flächigkeit des Materials ein wirkungsvoller Gegensatz ergibt. Auf eine Rahmung verzichtet Julia Lohmann, denn nur so wirken die Kräfte der Malerei über die Fläche hinaus. Diese Bilder verbinden sich mit dem Untergrund und werden eins mit der Wand.

Die verwendeten Bleche sind in einfache, klare Rechtecke geschnitten. Sie erinnern an die reduzierten Formen der Konstruktivisten. Die Größe der Bleche variiert, bleibt aber immer in Dimensionen, die es dem Betrachter ermöglicht, sich als gleichberechtigtes Gegenüber zu empfinden. Innerhalb der Bildflächen entstehen farbige Räume. Die Farbe wird gestrichen oder getupft. Im Widerspruch zur nüchternen Geometrie entfaltet sich ein geradezu dionysisches Farbbad auf den Malgründen. Die Oberfläche gibt Auskunft über die Bewegungen des Farbauftrags. Die intensive Dynamik wird besonders dort spürbar, wo zwei Farbplatten dicht nebenein-

sober geometry, the painting grounds become the support for a plashing of colour nothing short of Dionysian. The surface reveals the history of the motions with which the paint was applied. The intense dynamics become tangible, especially where two plates of colour are placed close together. It is a meeting not only of different speeds of brush-stroke, but also of different colours. The result is contrasts, tensions, sometimes disputes, or again, dialogue *(Ill. pp. 26-31)*.

Our world is subdivided by geography and history. We are accustomed to thinking in sections and eras, we need intervention or incursions when we think in structures and accept limitations and restrictions. But separations can also mean fissures and fractures, or injustices may also elicit a desire for equal rights. In relation to ethnic, geographical, religious and cultural spaces, living side by side would be preferable to competition and warring. Julia Lohmann's colour spaces fulfil all the criteria of coexistence and display different stances on a par.

Survival Training for Rabbits

Julia Lohmann is an artist who does not regard her work as a decision between an either and an or. Endowed with great sensitivity for injured worlds and existences under threat, and in her efforts for an awareness of social concerns, she does not see her artistic activity as concentrated on social commitment irrespective of how it might be expressed. Neither does she orientate her actions to elevating the work on the form to the sole centre, but comprehends her creative activi-

ander gesetzt sind. Da stoßen nicht nur unterschiedliche Geschwindigkeiten des Striches, sondern auch verschiedene Farben aufeinander. Es entstehen Kontraste, Spannungen, manchmal Streit oder auch Dialog *(Abb. S. 26-31)*.

Unsere Welt ist geographisch und historisch eingeteilt. Wir sind es gewohnt, in Abschnitten und Epochen zu überlegen, brauchen Einschnitte, wenn wir in Strukturen denken und akzeptieren Beschränkungen und Grenzen. Trennungen können aber auch Risse und Brüche bedeuten, Ungerechtigkeiten den Wunsch nach Gleichberechtigung hervorbringen. Bezogen auf ethnische, geographische, religiöse und kulturelle Räume wäre ein Nebeneinander eher willkommen als Konkurrenz und Kampf. Die Farbräume Julia Lohmanns erfüllen alle Kriterien der Koexistenz und zeigen eine Gleichberechtigung verschiedener Positionen.

Survival Training for Rabbits

Julia Lohmann ist eine Künstlerin, die ihr Schaffen nicht als eine Entscheidung zwischen Entweder und Oder begreift. Ausgestattet mit einer großen Sensibilität für beschädigte Welten und bedrohte Existenzen und im Bemühen um ein Bewußtsein für die gesellschaftlichen Fragen sieht sie ihre künstlerische Tätigkeit nicht auf ein wie auch immer geartetes soziales Engagement konzentriert. Sie richtet ihr Handeln auch nicht daran aus, die Gestaltung zum alleinigen Zentrum zu erheben, sondern begreift ihr kreatives Tun als einen Ausdruck für Beziehungen

Survival Training for Rabbits – Preparing the Wings, 1990
2 Teile, 75 x 58 cm

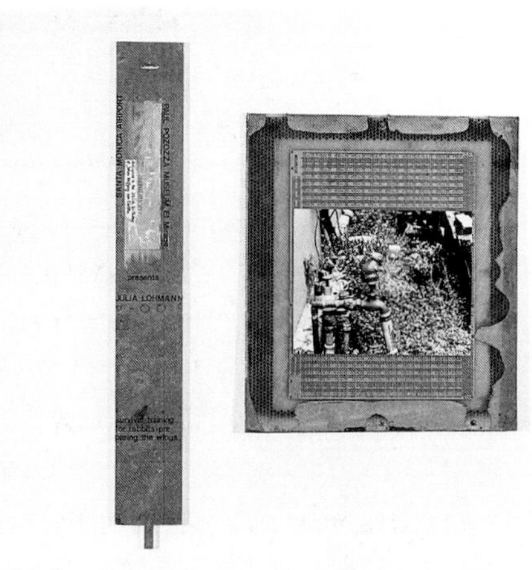

ty as an expression of relations between differing positions. Julia Lohmann's goal of exposing links between standpoints and problem perception and her striving to counter aggression with creativity can only be realised as a comprehensive design for a way of life.

This approach enables Lohmann to work in many places and in different conditions. She has made it her own, much as a kind of survival training – a *Survival Training for Rabbits*. In a time of encounter – or collision – between different peoples, religions and cultures while inherited forms of society are crumbling, this can be taken as exemplary, at a juncture where tolerance is one of the most urgently-needed qualities if cohabitation is to be possible. Julia Lohmann's art stands for autonomy and equal status. In the place of a negative charge to the term of globalisation cited early on above, the association in connection with this artist is the utopia of tolerance.

zwischen unterschiedlichen Positionen. Julia Lohmanns Anspruch, das Aufzeigen von Verknüpfungen zwischen Standpunkten und Fragestellungen und das Bemühen, Kreativität der Aggression entgegenzusetzen, läßt sich nur als umfassendes Lebenskonzept verwirklichen.

Dieser Ansatz sichert Julia Lohmann die Möglichkeit, an vielen Orten und unter unterschiedlichsten Bedingungen tätig zu sein. Sie hat sich dieses Vorgehen wie ein Überlebenstraining, wie ein *Survival Training for Rabbits* angeeignet. Es kann beispielhaft gelten in einer Zeit, in der unter Auflösung tradierter Gesellschaftsformen unterschiedliche Ethnien, Religionen und Kulturen aufeinandertreffen. Denn gerade an diesem Punkt gehört Toleranz zu den wichtigsten Erfordernissen, damit ein Zusammenleben möglich ist. Die Kunst von Julia Lohmann steht für Autonomie und Gleichberechtigung. An die Stelle der negativen Besetzung des eingangs benutzten Begriffes Globalisierung tritt bei dieser Künstlerin die Utopie von Toleranz.

Rotgelb-Grüngelb, 1999
2 Teile, je 200 cm x 125 cm

Submarine View, Aquis Submersis abgetaucht, Hommage an Max Ernst, 1999
2 Teile, je 200 cm x 125 cm

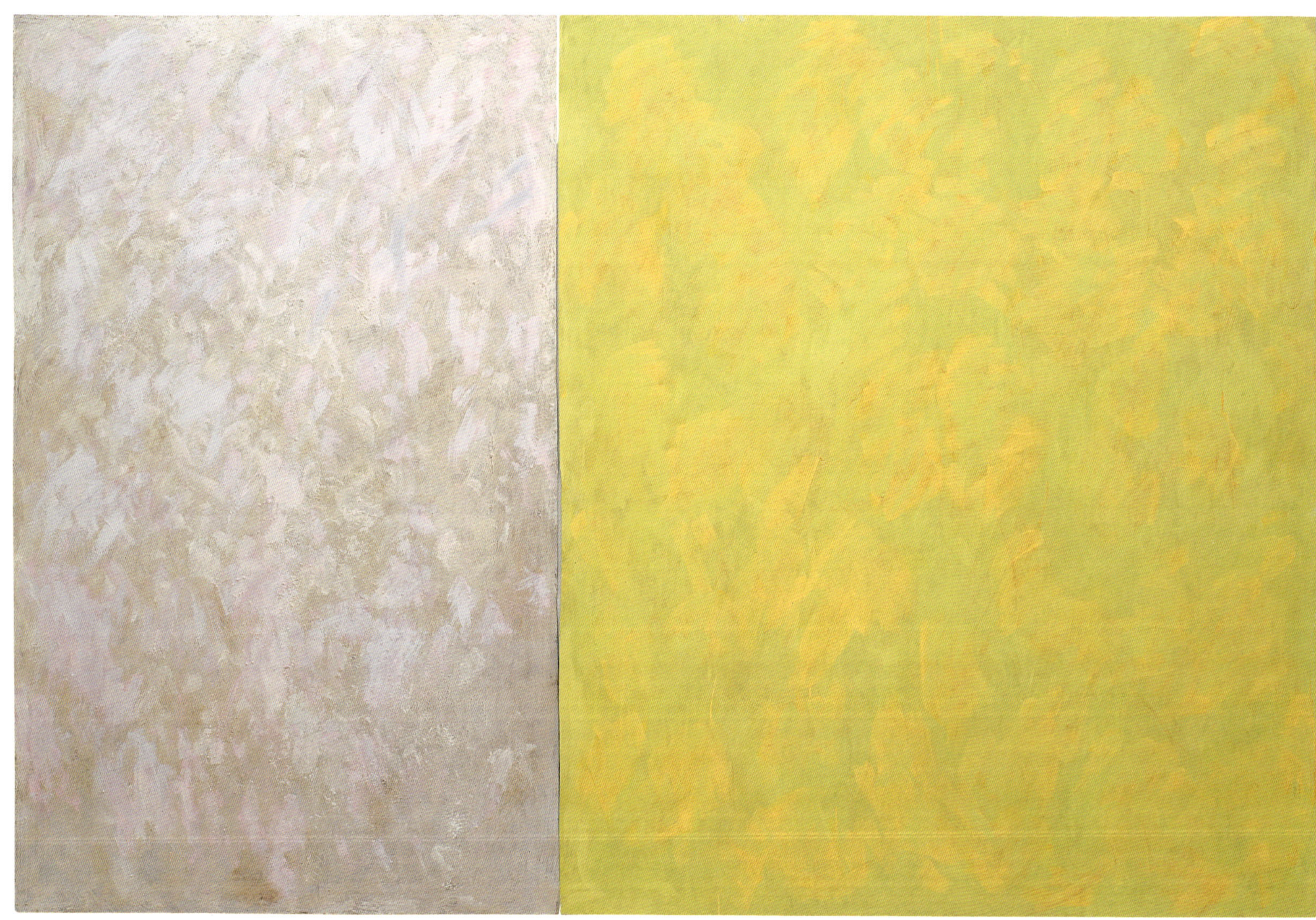

Gelbgrün-Rosa, 2000
2 Teile, 160 x 104 cm und 160 x 129 cm

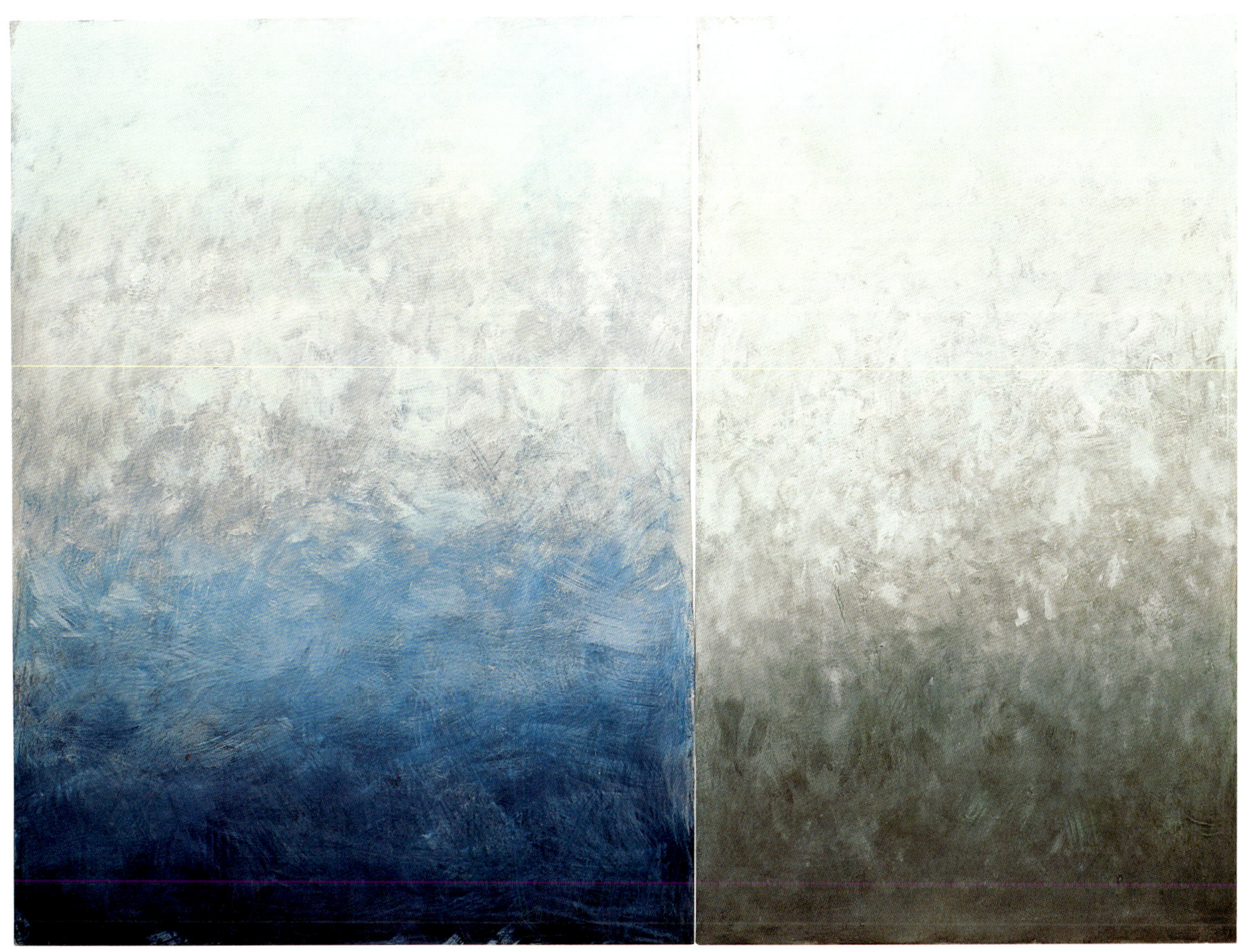

Wasser-Eis, 2000
2 Teile, 160 x 120 und 160 x 100 cm

Sushirot 1, 2001
125 x 136 cm

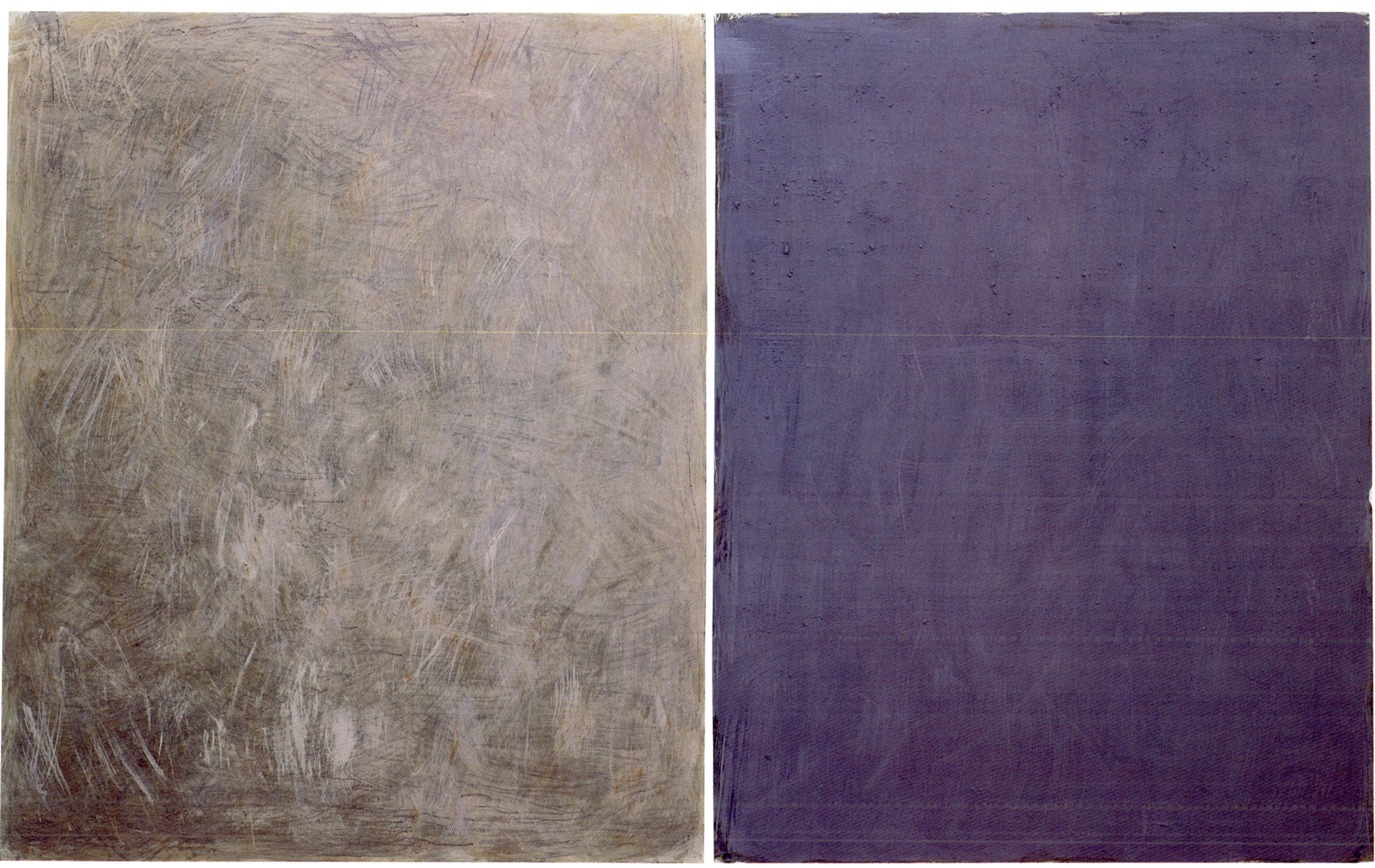

Violett-Rosa, 2000
2 Teile, 160 x 136 und 160 x 129 cm

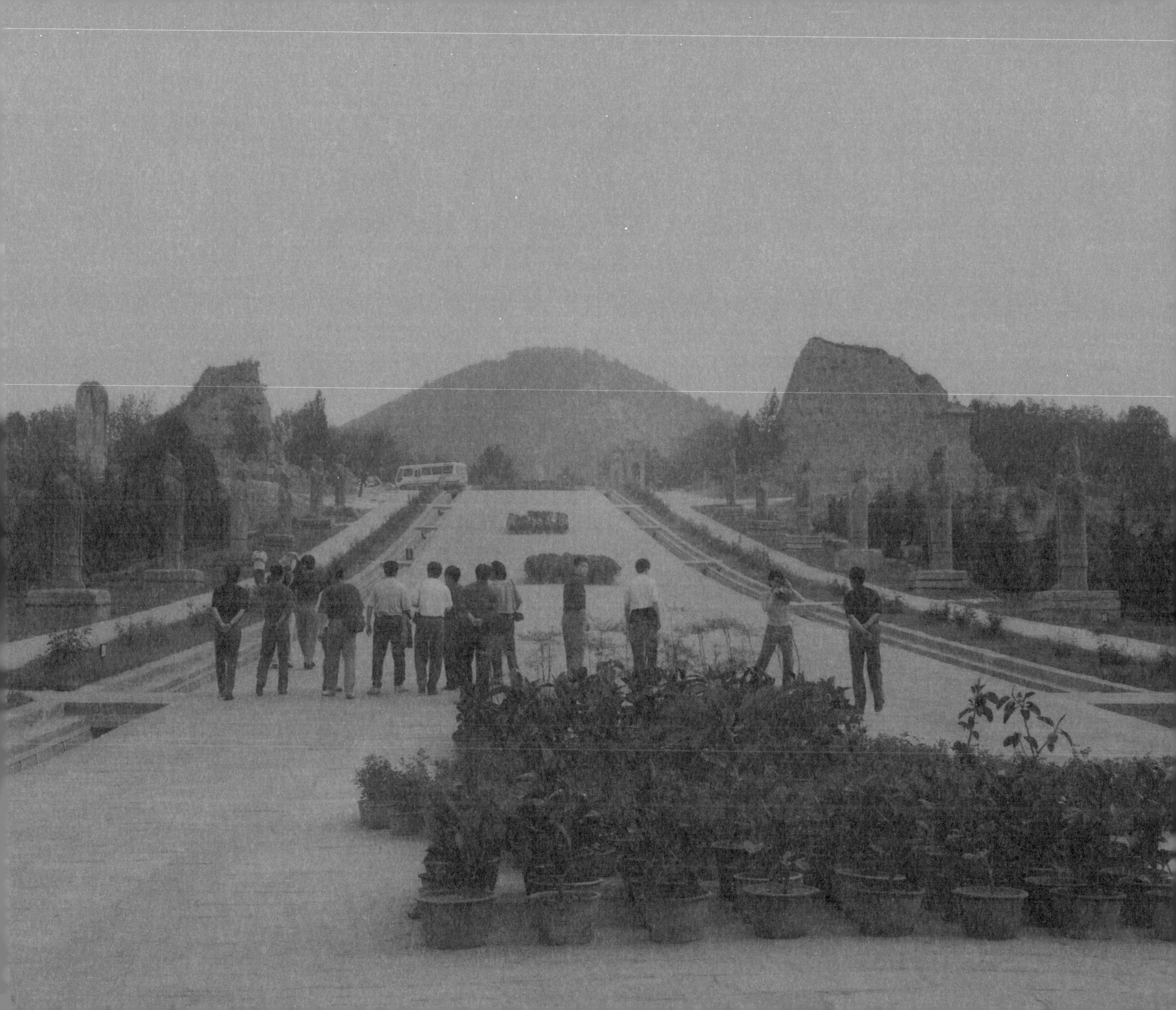

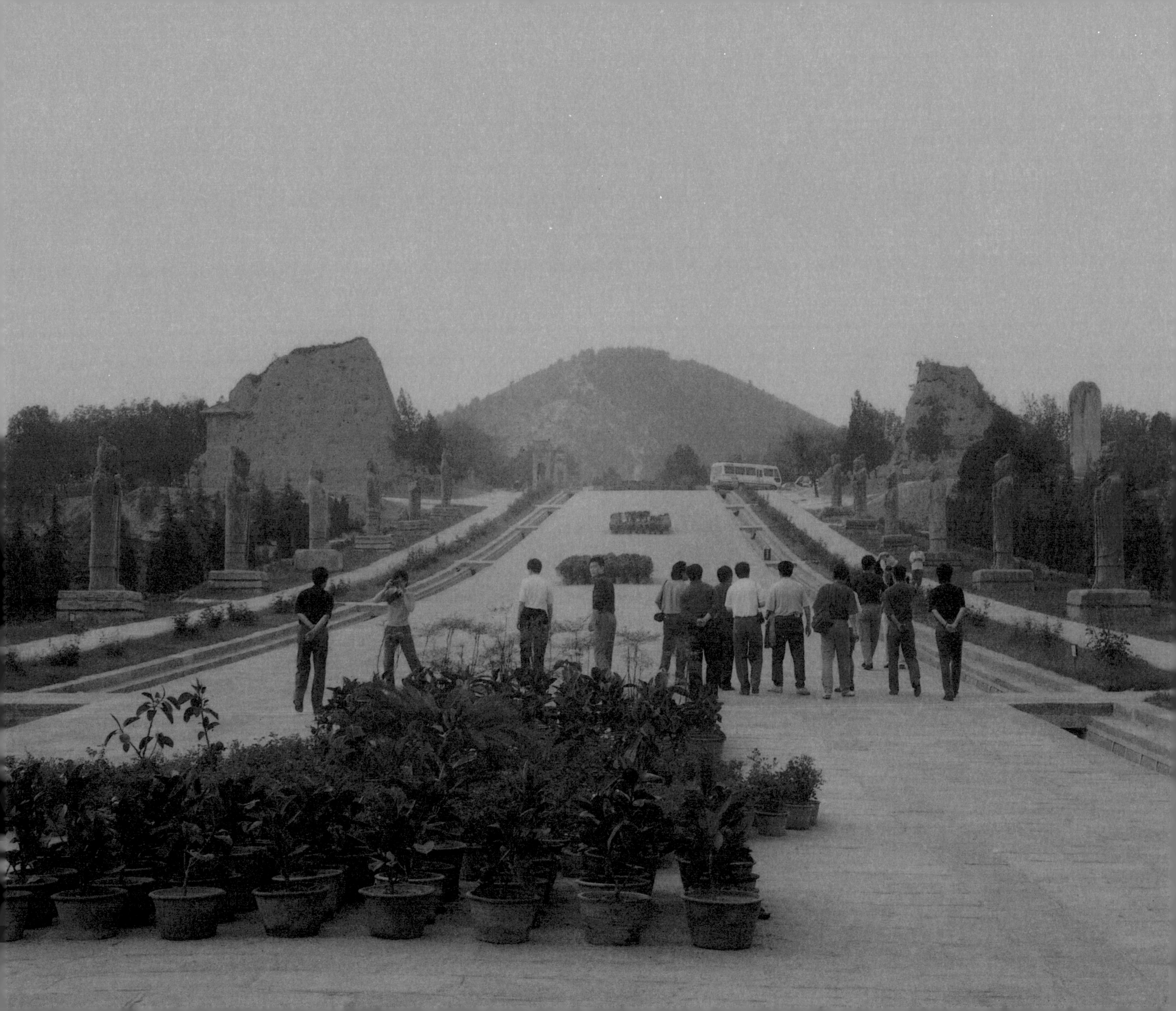

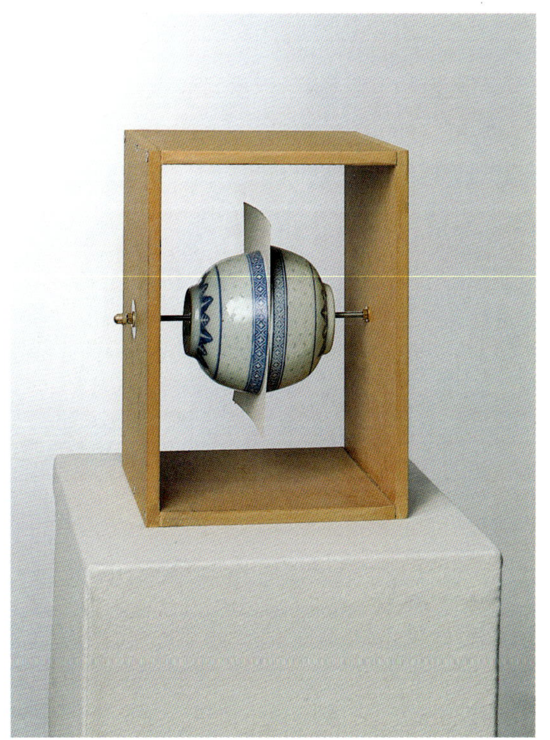

Xie Tiao (Harmony), 1998
27 x 23 x 20 cm

Abacus, Yakin ve Uzak Ülkelerden Silahlar ve Türketim Nesneleri, Ticaret Yollari, Kagit ve Porselen, ***Beyaz ve Mavi*****/Waffen und Gebrauchsgegenstände aus nahen und fernen Ländern, Handelswege, Papier und Porzellan,** ***weiß und blau***, 1999

202 x 162 x 90 cm
Installation im BM Contemporary Art Center Istanbul
S. 35

Tauschen und Täuschen, 1999

Tauschaktion von Keramikkugeln gegen Papier,
v.l.n.r. Esra Ersen, Deng Guo Yuan, Selda Asal,
Kurt Scharf, Gao Qun, Teomann Madra
S. 36/37

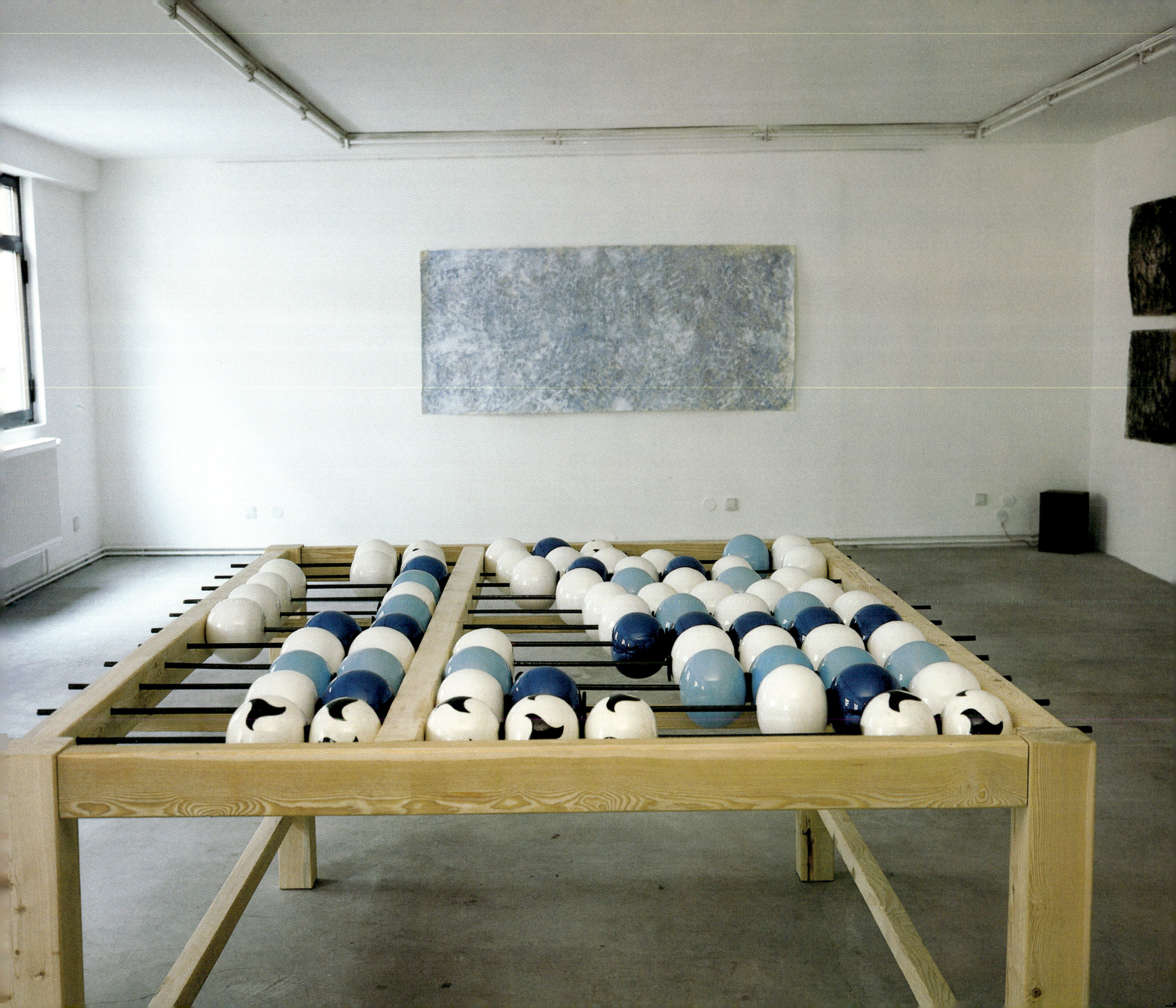

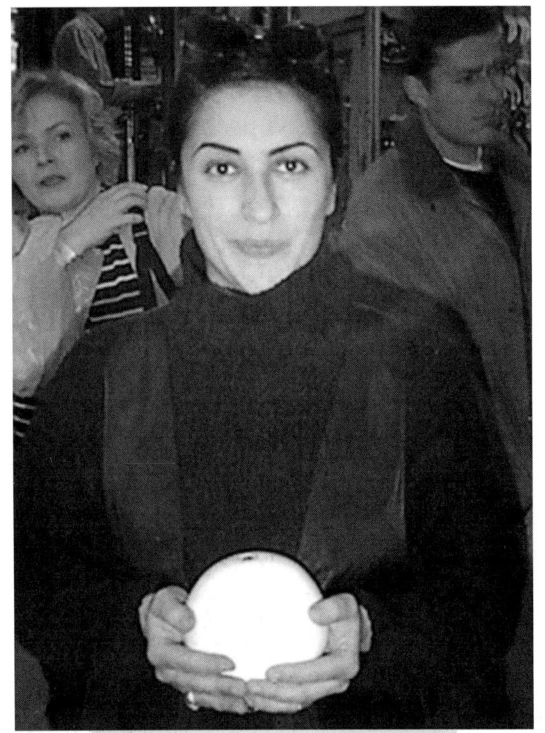

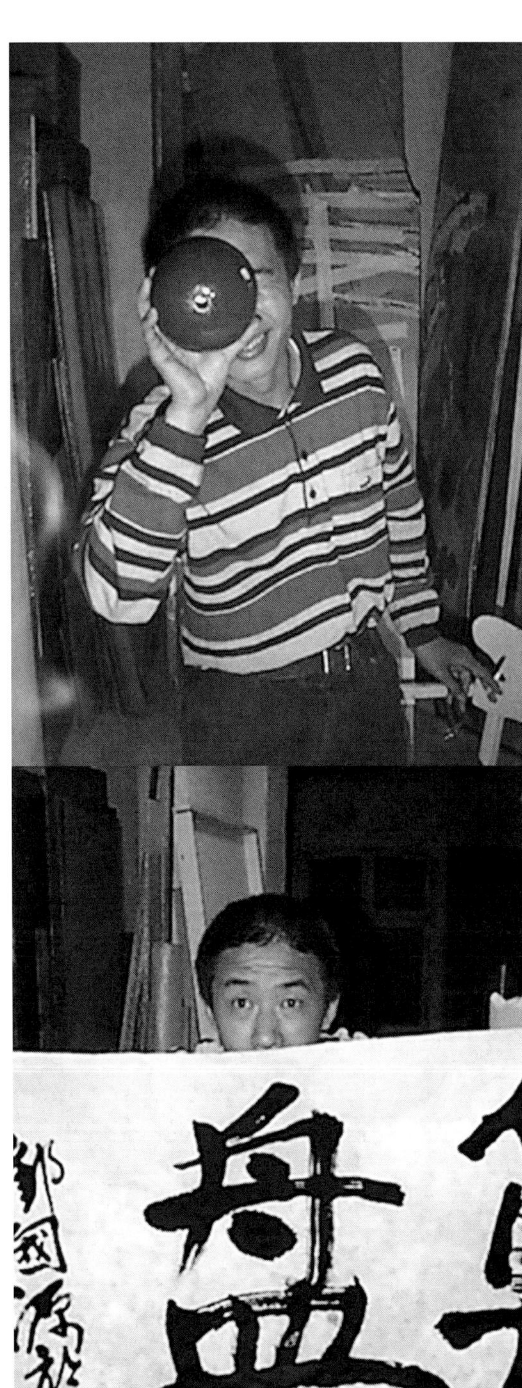

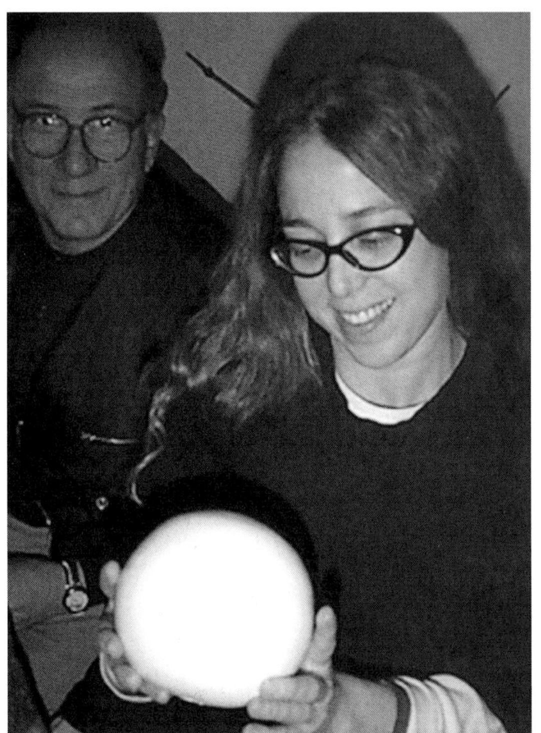

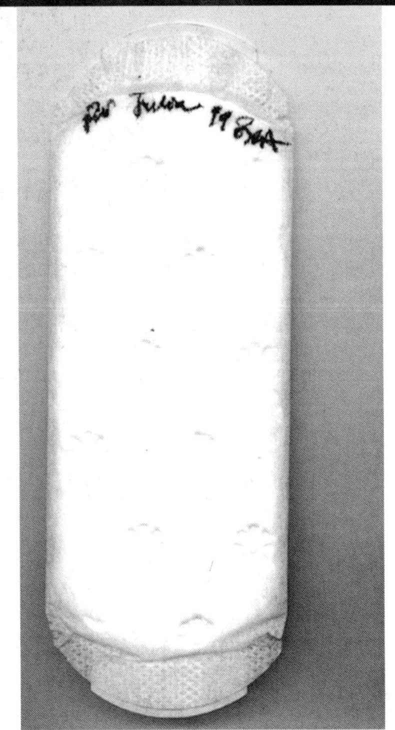

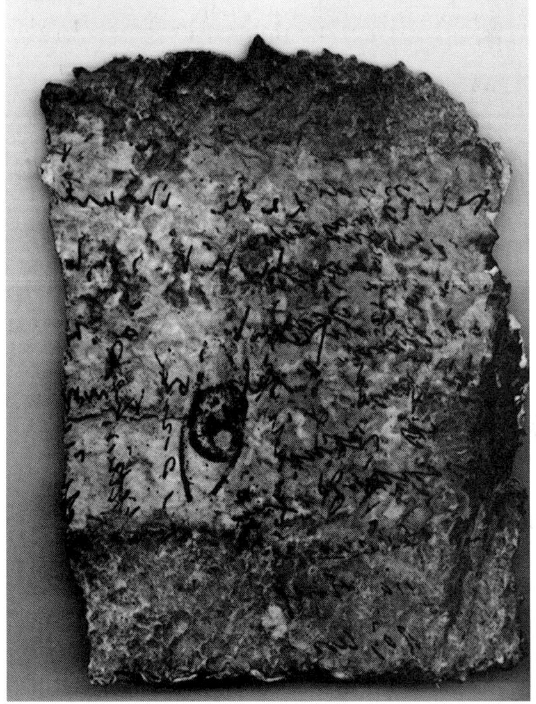

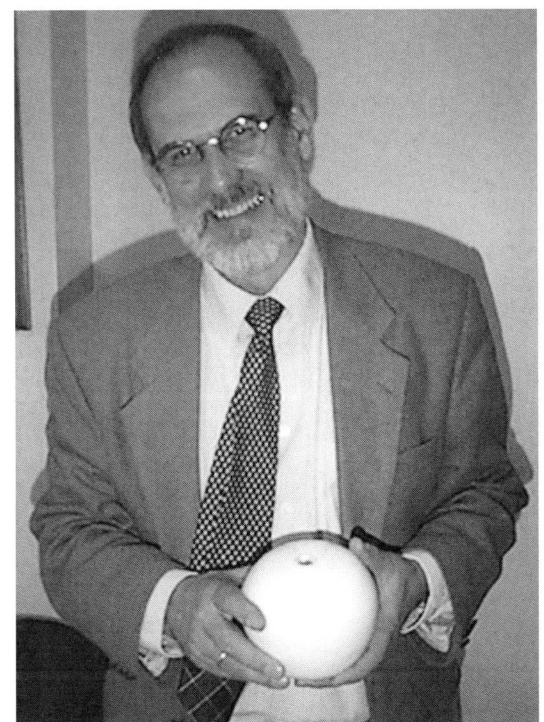

Forugh Farrochsad

Jene Tage

Bibliothek Suhrkamp

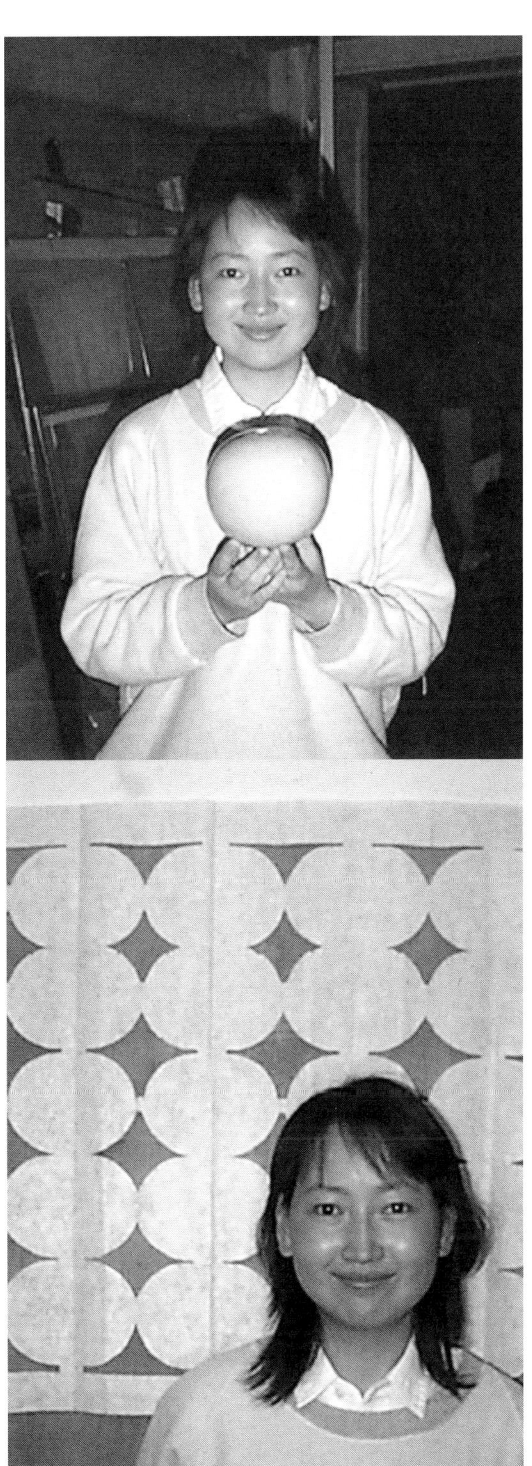

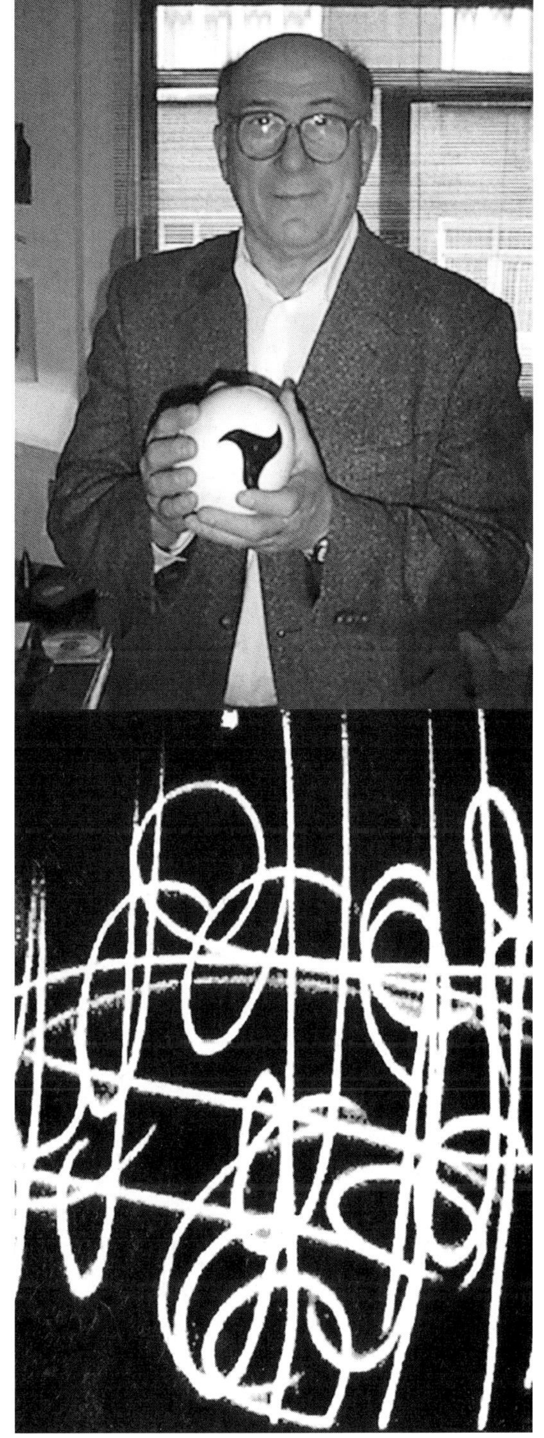

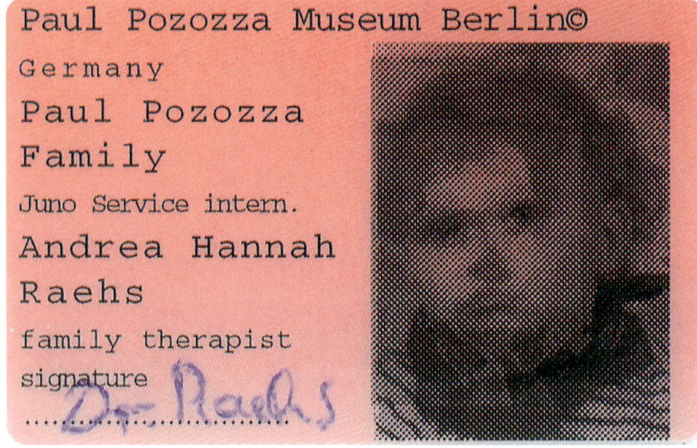

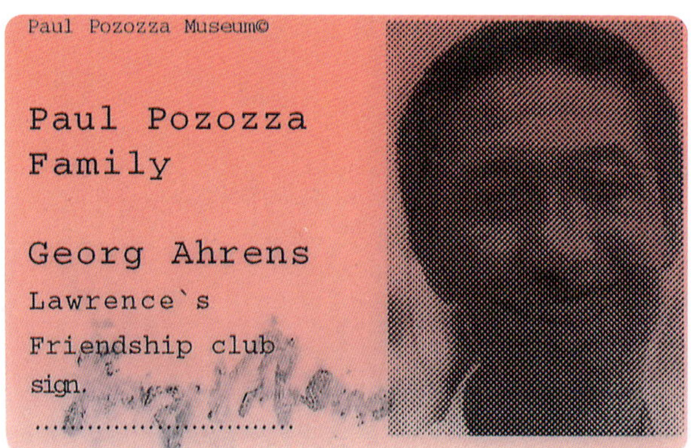

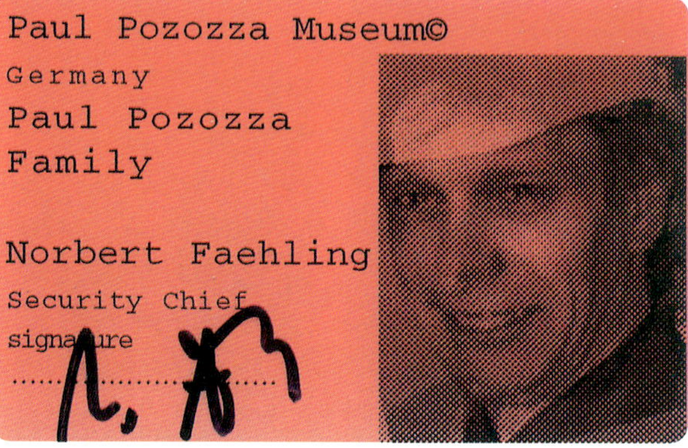

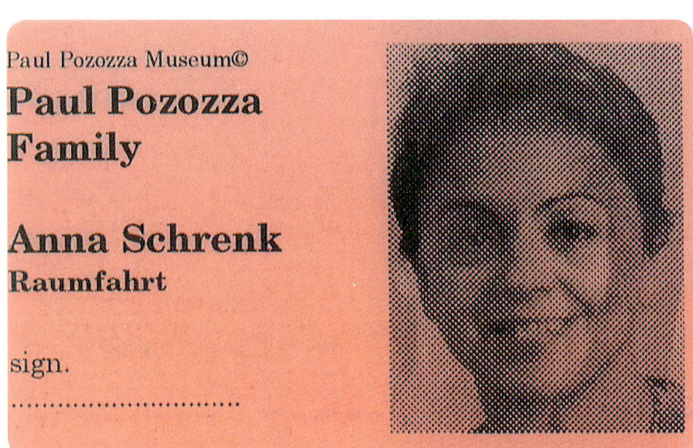

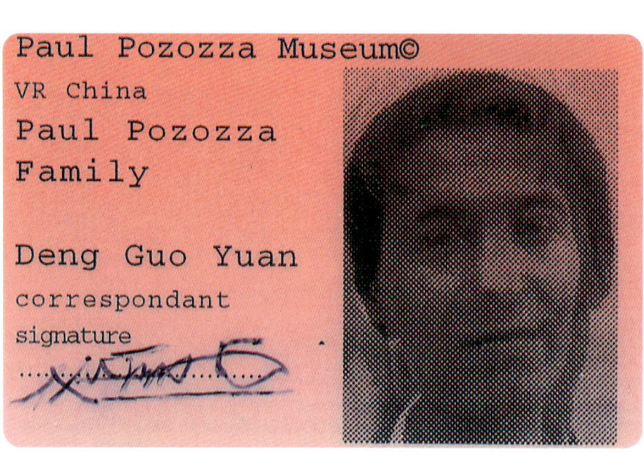

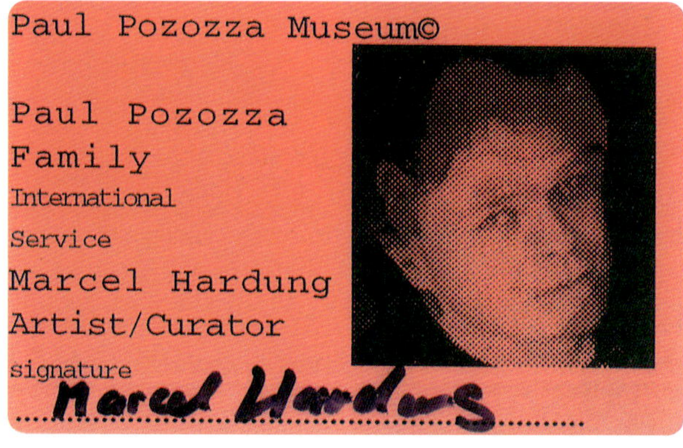

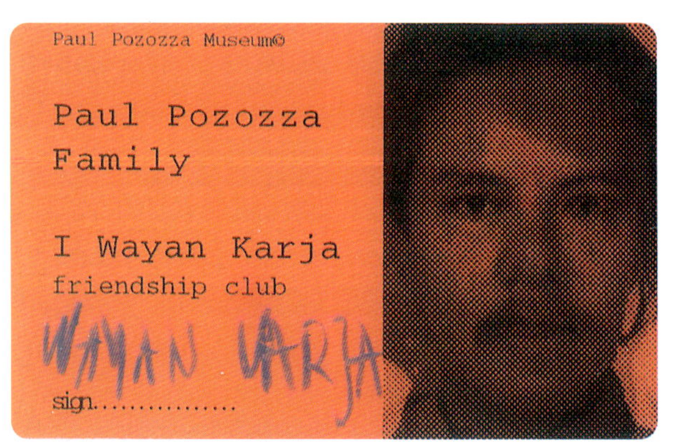

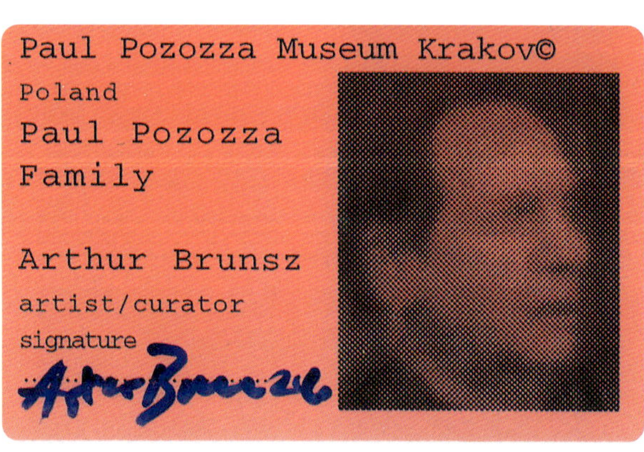

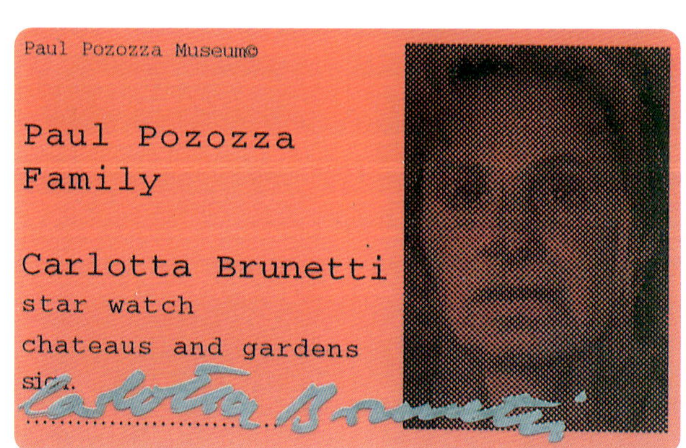

Paul Pozozza Family, 1995-02
jeweils cm 5 x 8 cm

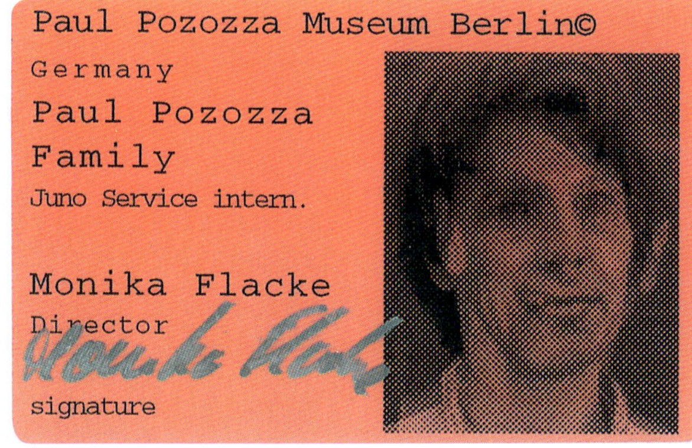
Paul Pozozza Museum Berlin©
Germany
Paul Pozozza
Family
Juno Service intern.
Monika Flacke
Director
signature

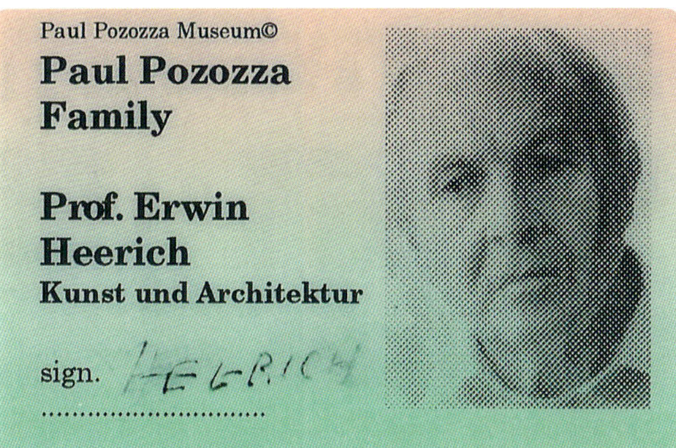
Paul Pozozza Museum©
Paul Pozozza
Family
Prof. Erwin
Heerich
Kunst und Architektur
sign.

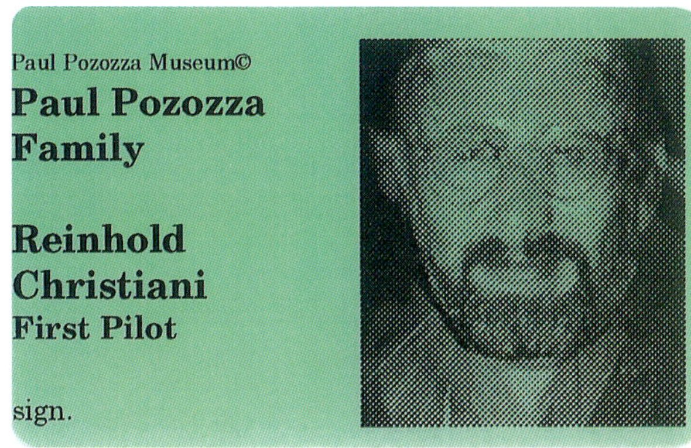
Paul Pozozza Museum©
Paul Pozozza
Family
Reinhold
Christiani
First Pilot
sign.

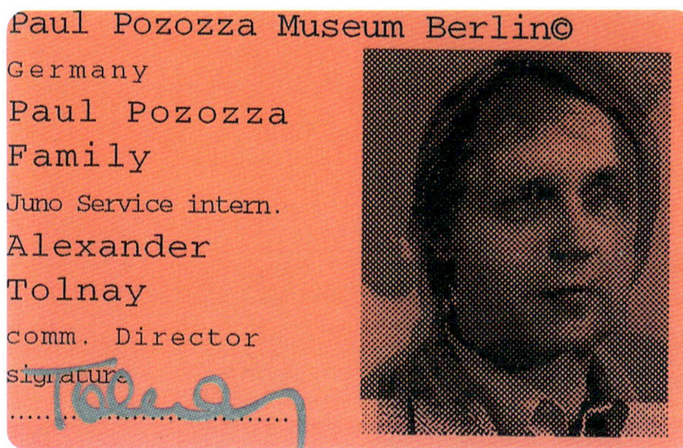
Paul Pozozza Museum Berlin©
Germany
Paul Pozozza
Family
Juno Service intern.
Alexander
Tolnay
comm. Director
signature

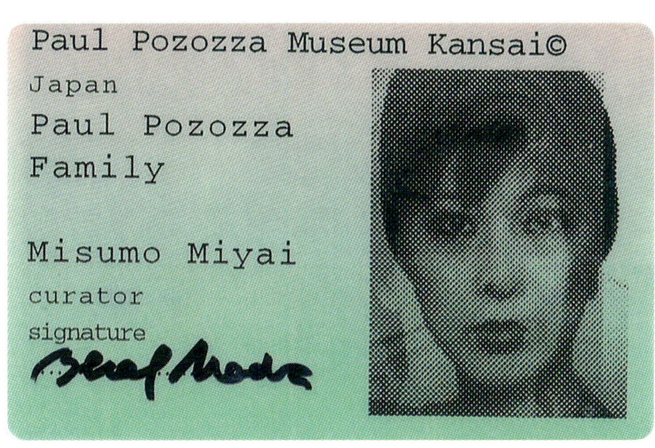
Paul Pozozza Museum Kansai©
Japan
Paul Pozozza
Family
Misumo Miyai
curator
signature

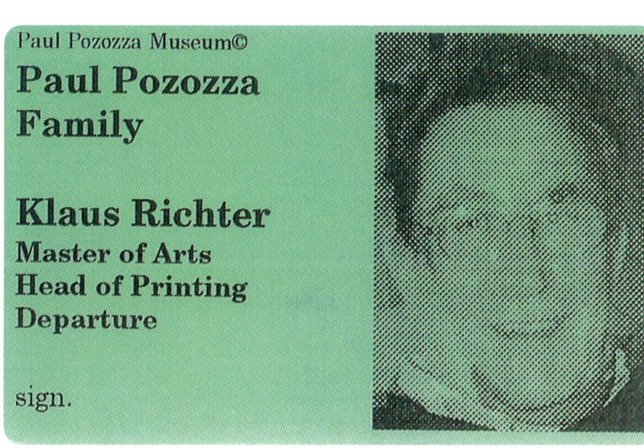
Paul Pozozza Museum©
Paul Pozozza
Family
Klaus Richter
Master of Arts
Head of Printing
Departure
sign.

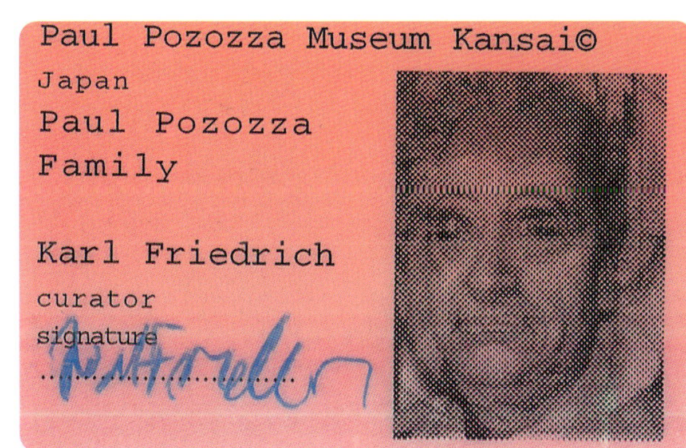
Paul Pozozza Museum Kansai©
Japan
Paul Pozozza
Family
Karl Friedrich
curator
signature

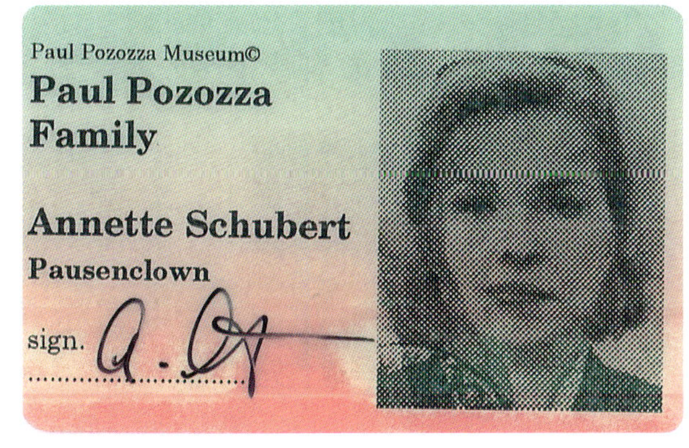
Paul Pozozza Museum©
Paul Pozozza
Family
Annette Schubert
Pausenclown
sign.

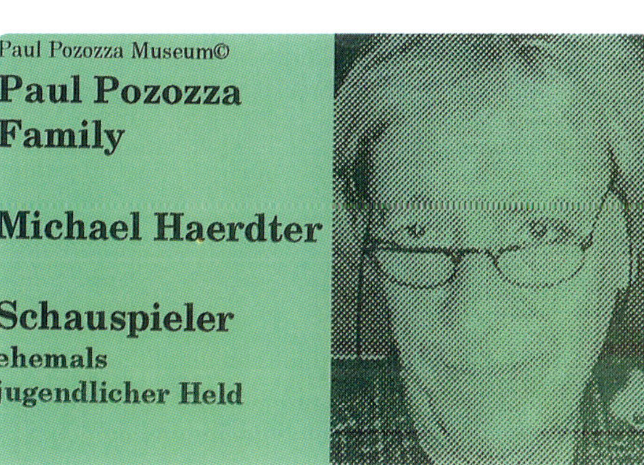
Paul Pozozza Museum©
Paul Pozozza
Family
Michael Haerdter
Schauspieler
ehemals
jugendlicher Held

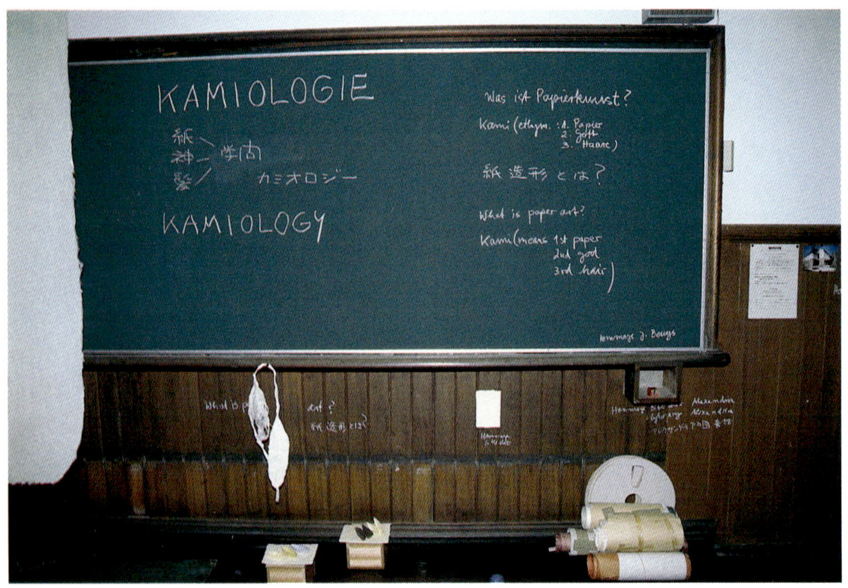

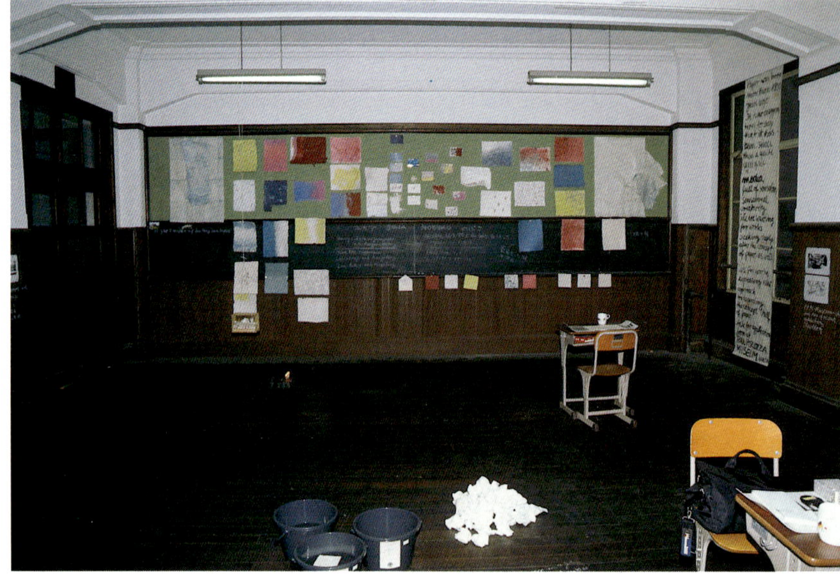

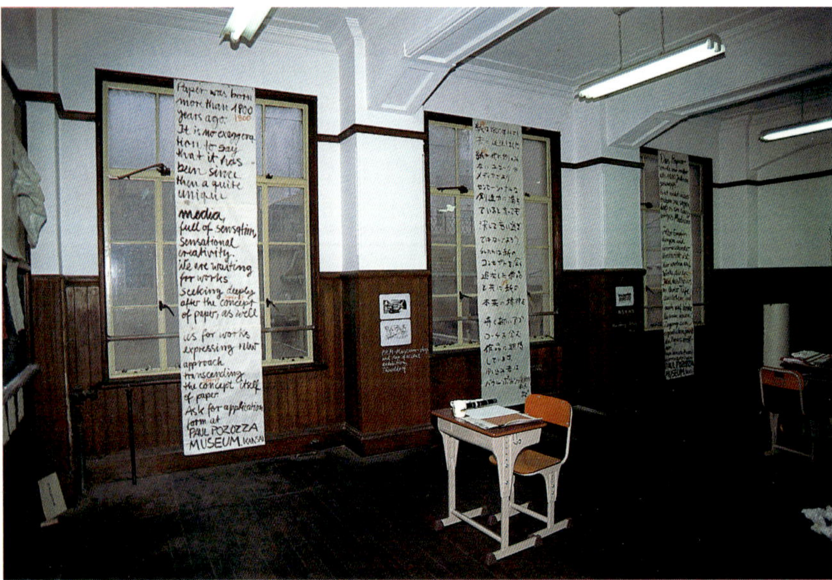

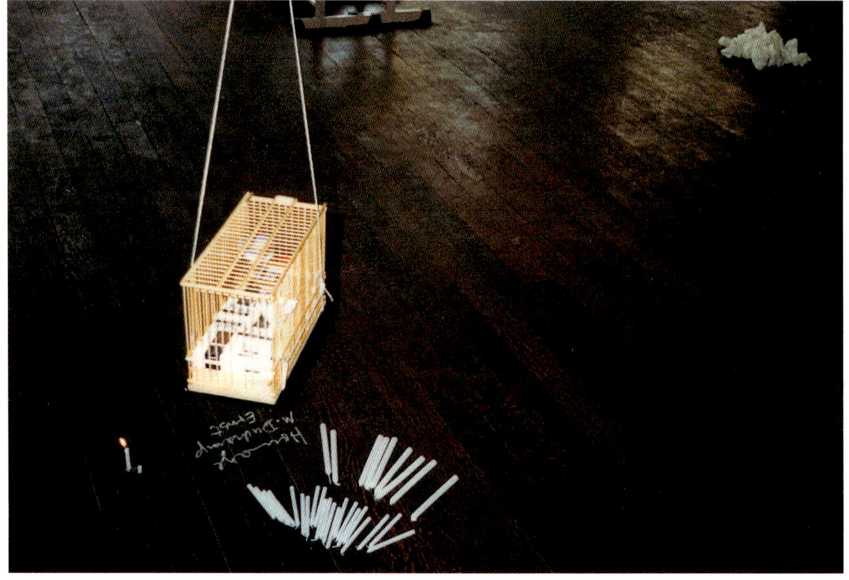

A Lesson About the Spirit of (Washi-)Paper
From Creating to Recycling, 1995
Julia Lohmann/Nobuko Sugai
Installation IPS Kyoto

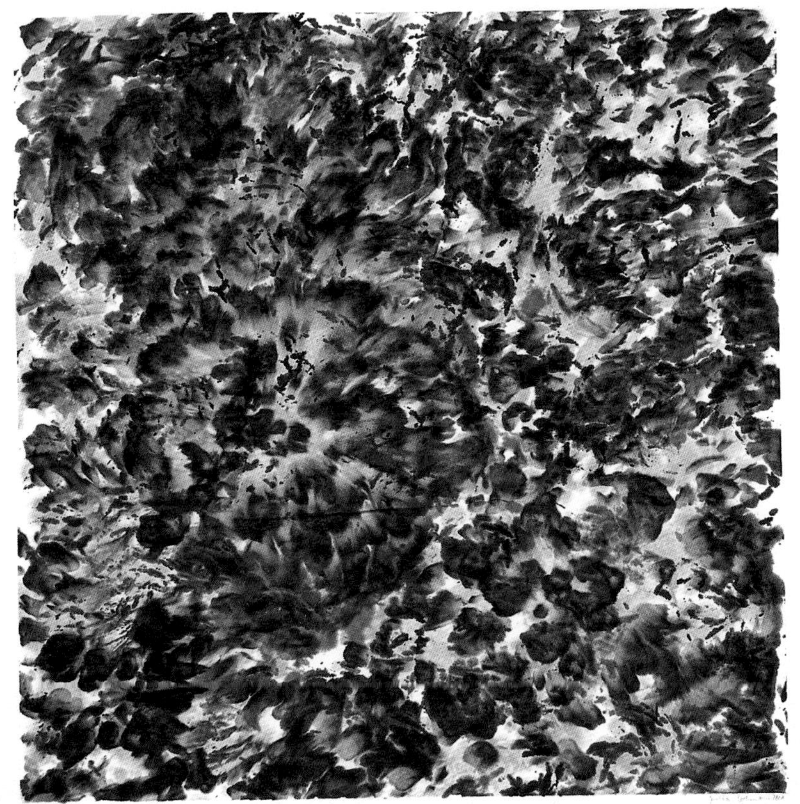

Liquid, 2001
64 x 72 cm

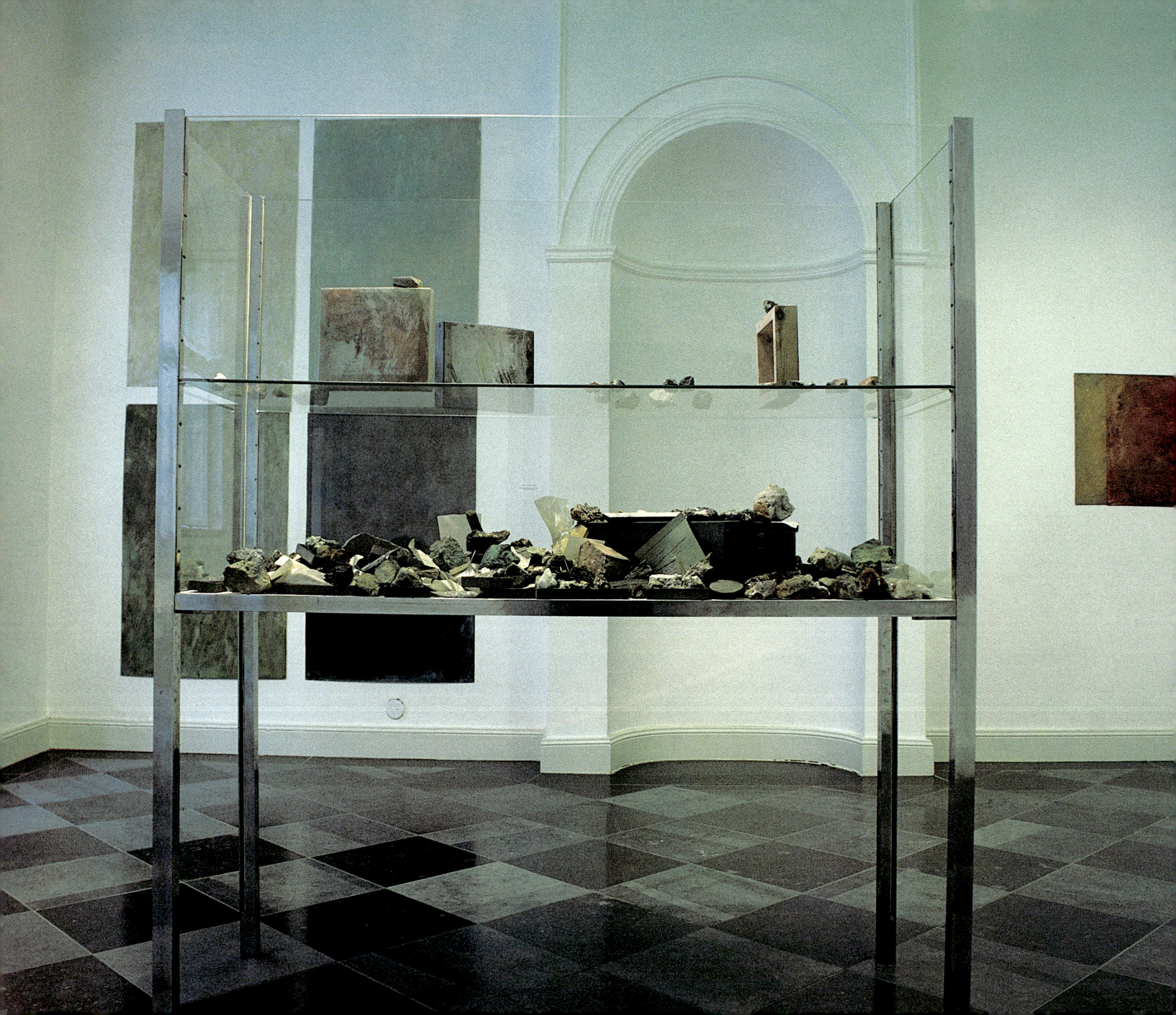

Los Guindos, 1995
Installation in der Ehemaligen Reichsabtei,
Kunst aus NRW, Aachen Kornelimünster

Papierkraniche, 1998
55 x 40 x 14 cm

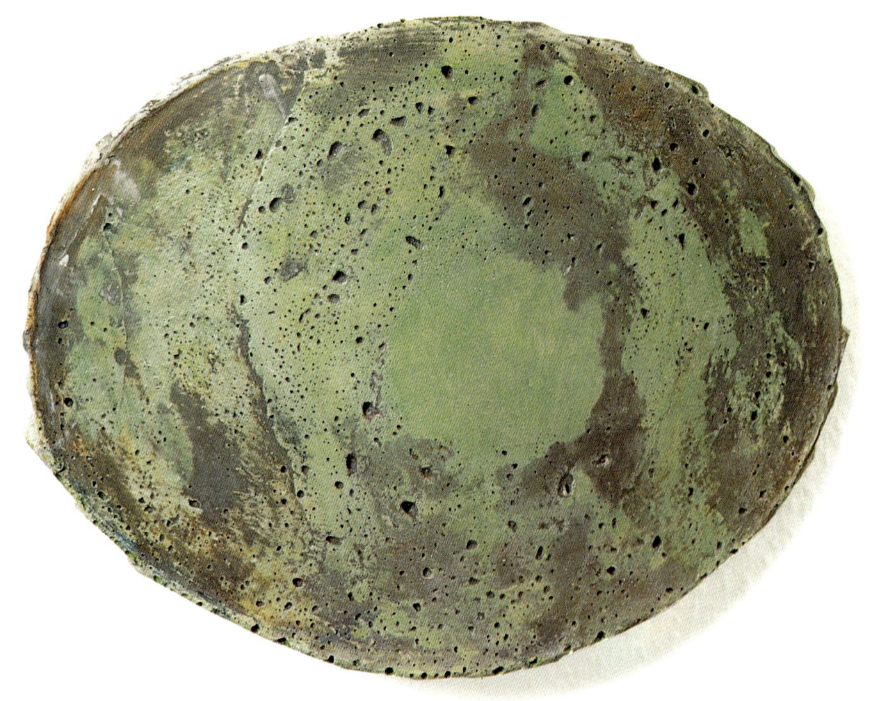

1, 2, 3, 2000
6 Teile, je 25 x 25 x 1 cm
S. 45

Elypse, 1999
21 x 27 x 5 cm

Stacheln, 2001
15 Teile, je 13 x 19 x 9,5 cm
S. 46/47

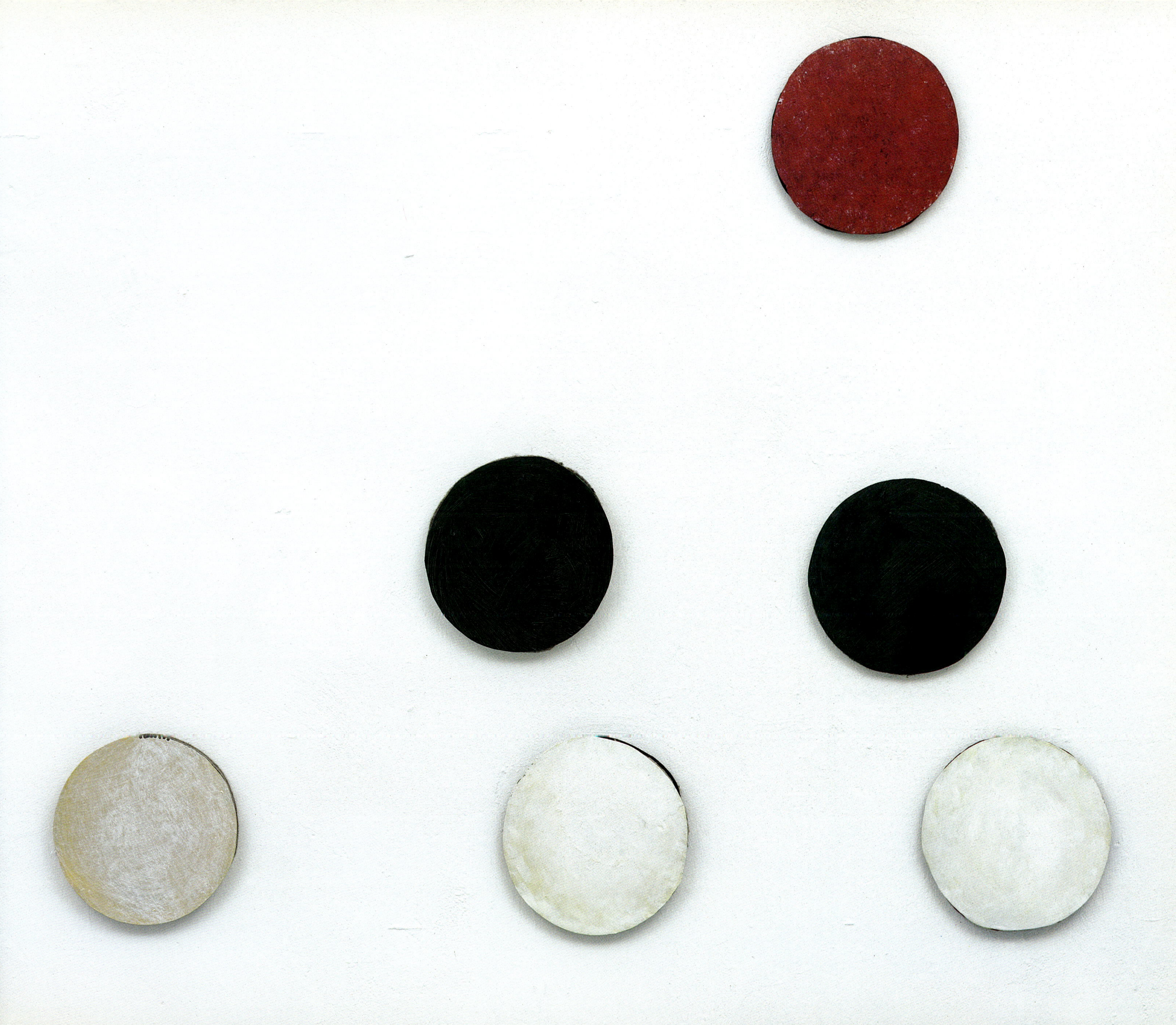

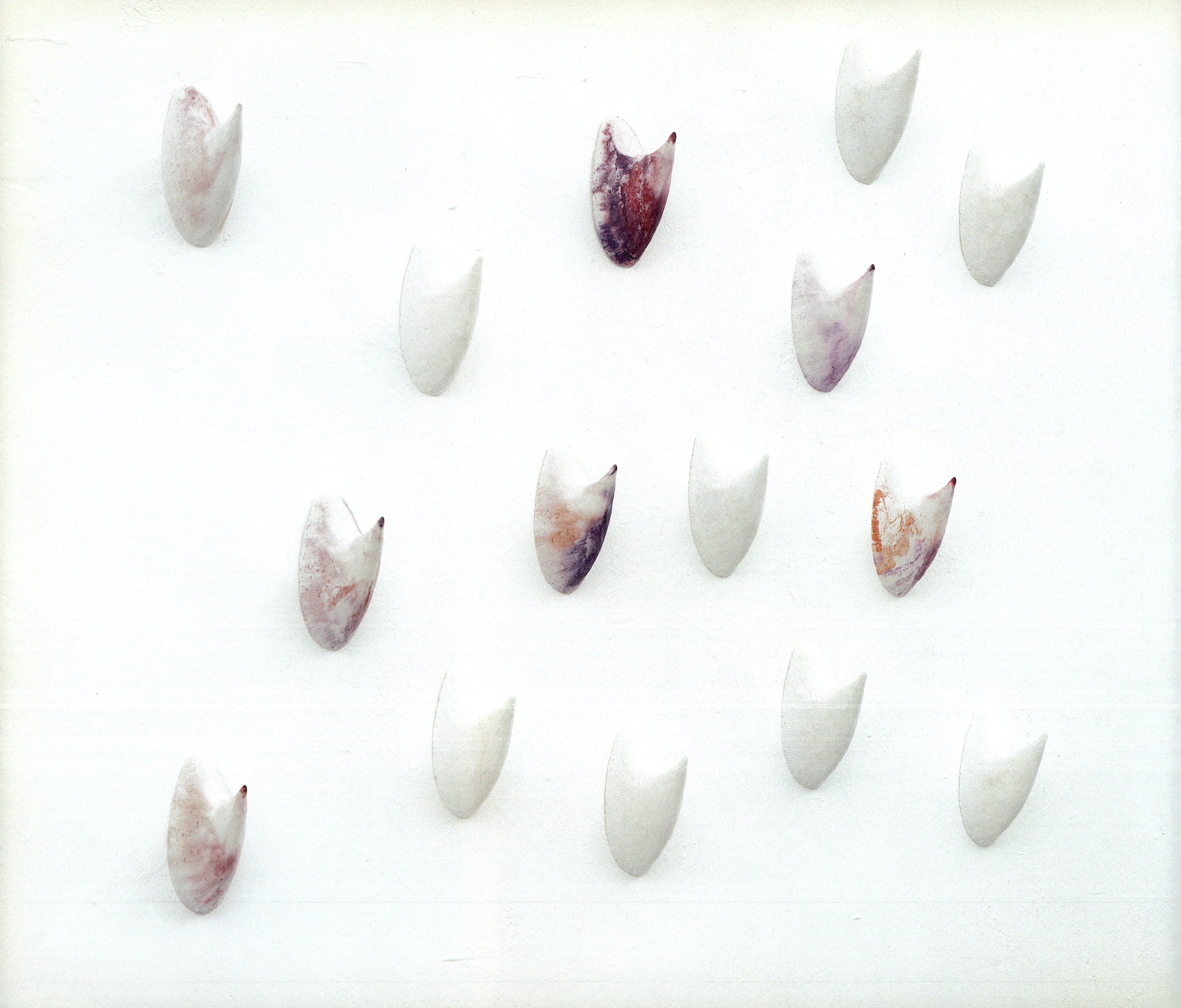

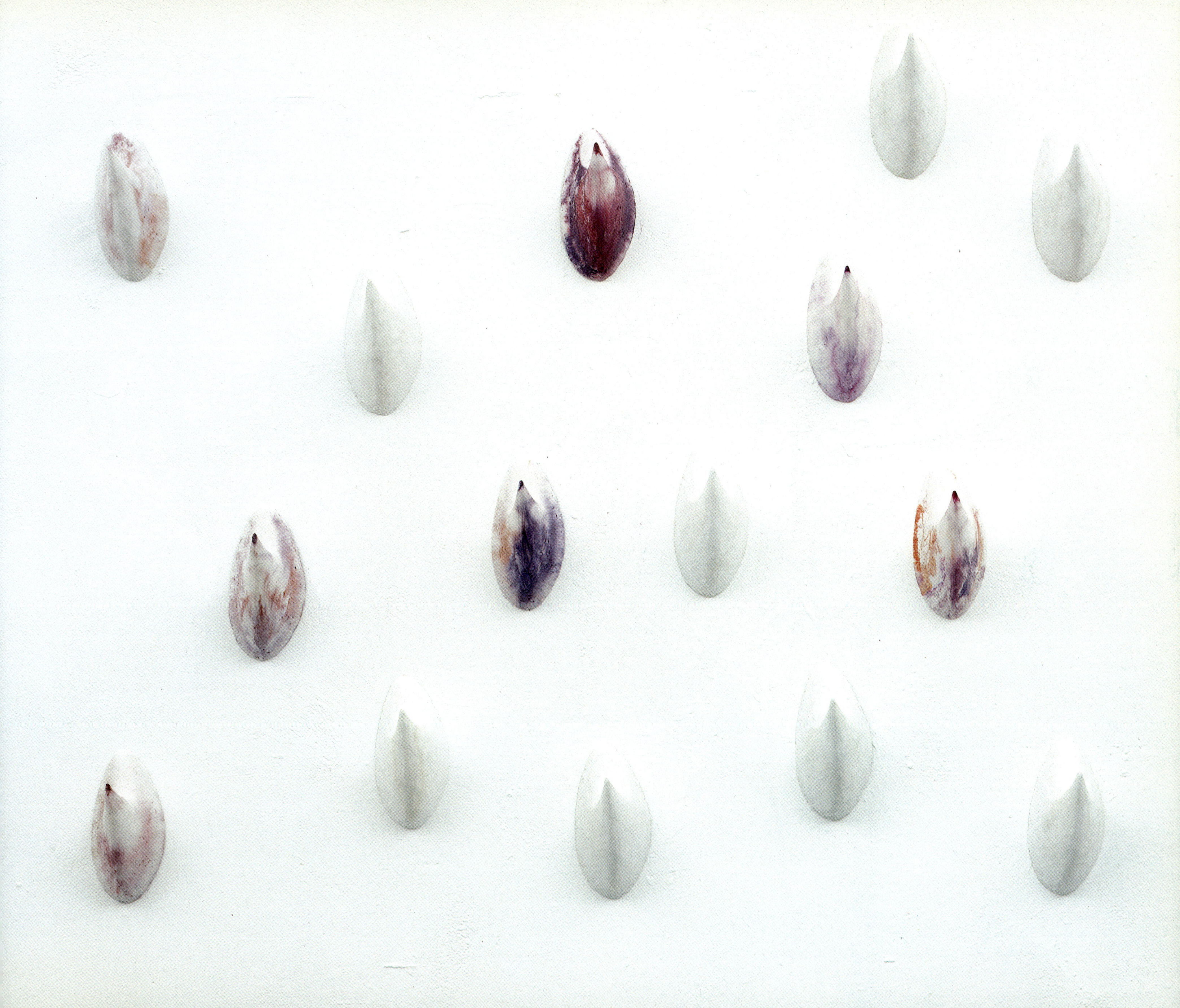

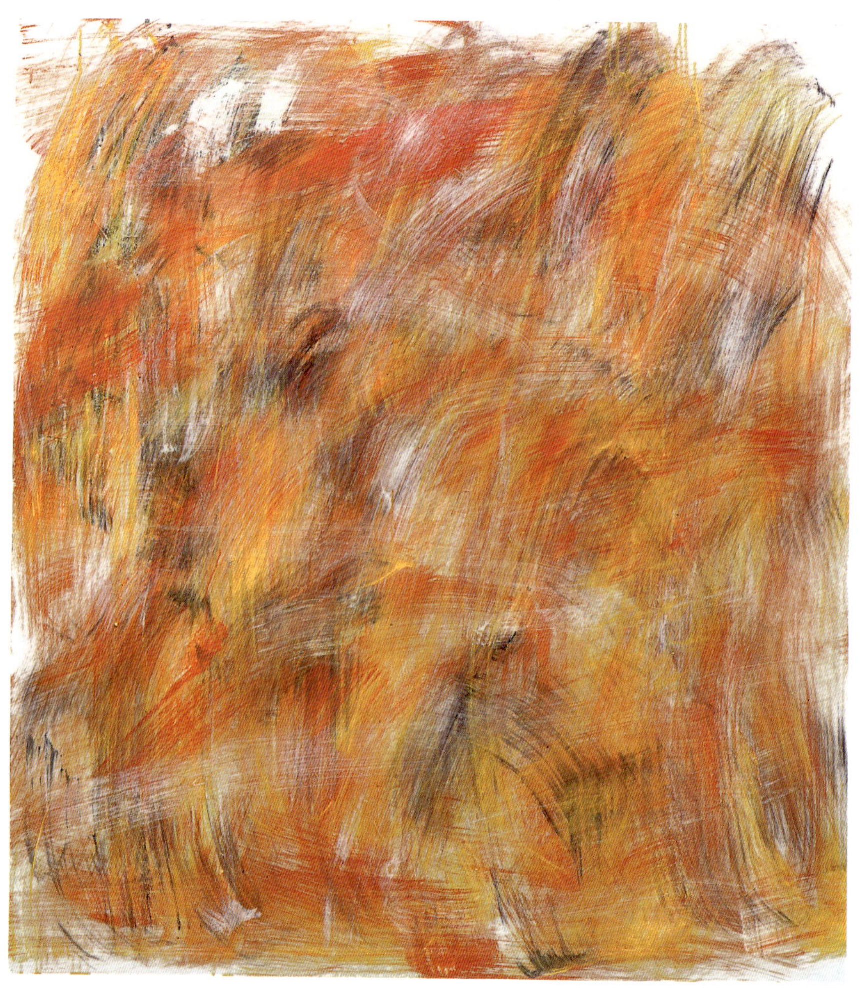

Feuer, 2001
125 x 114 cm

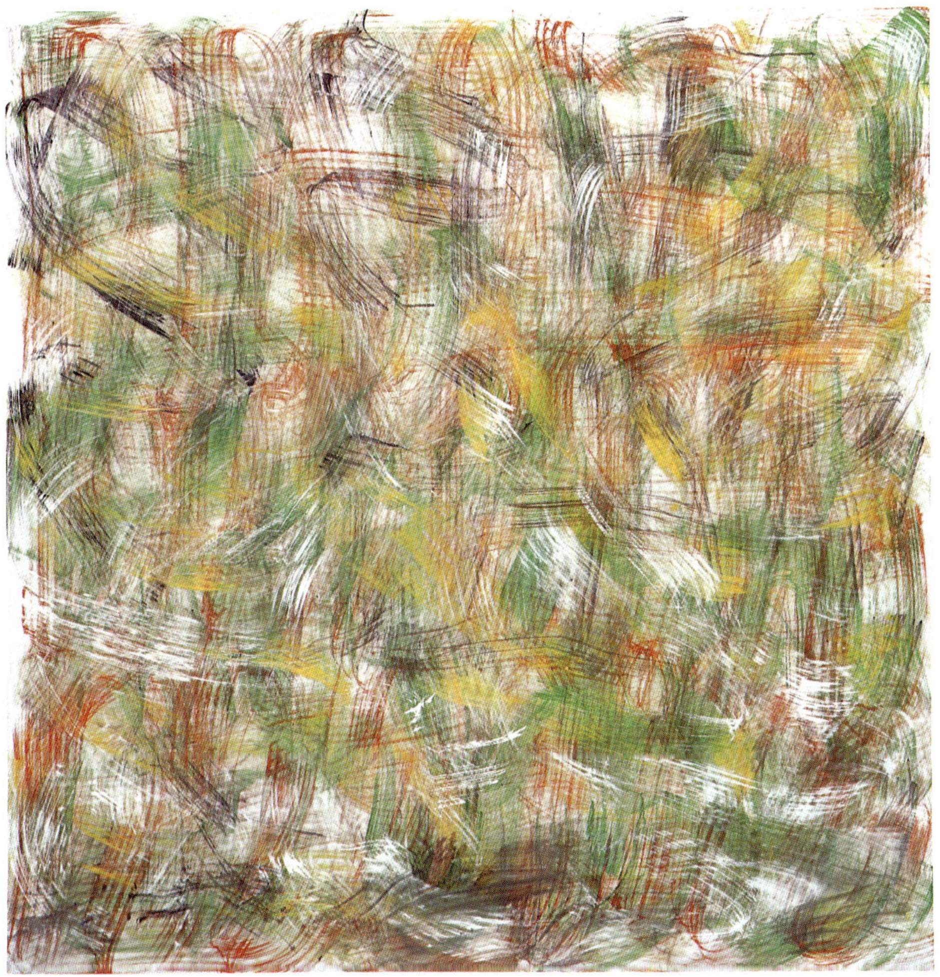

Claude Monet betrachtet Heu, 2001
125 x 126 cm

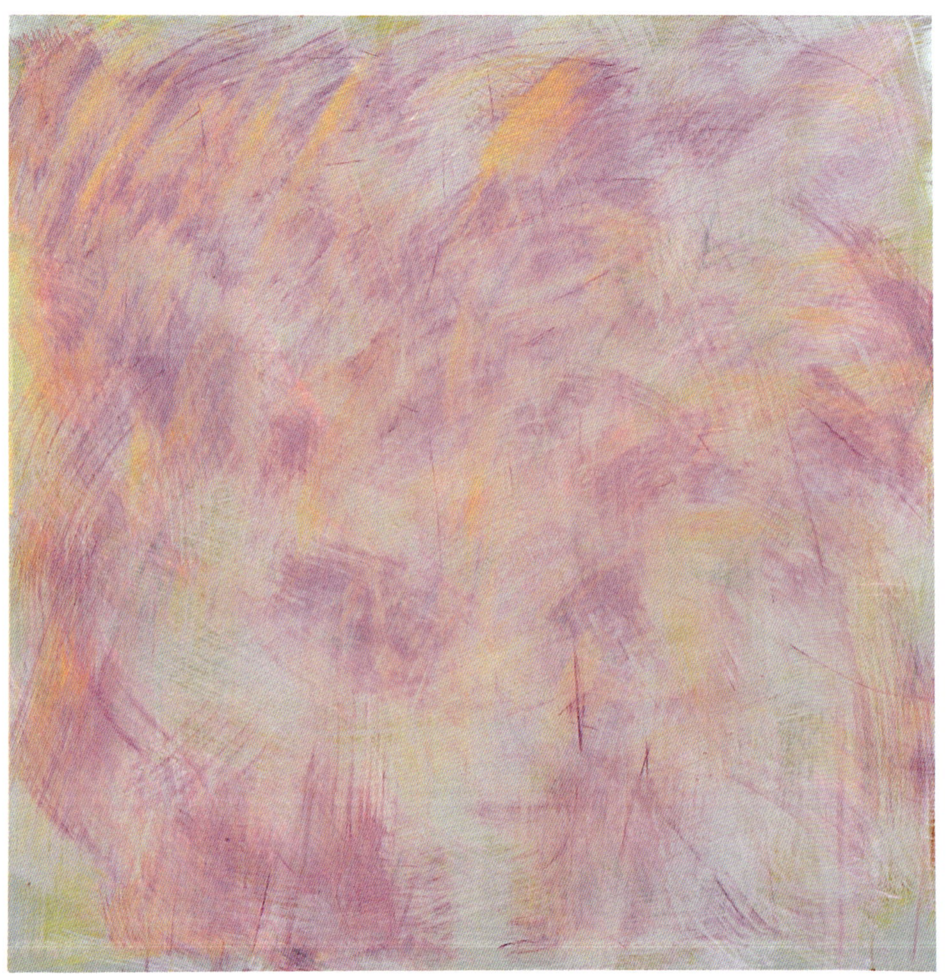

A Rose Is A Rose And Becomes A Fire, 2001
100 x 100 cm

Heiß, 2000
2 Teile, 125 x 85 cm und 115 x 85 cm

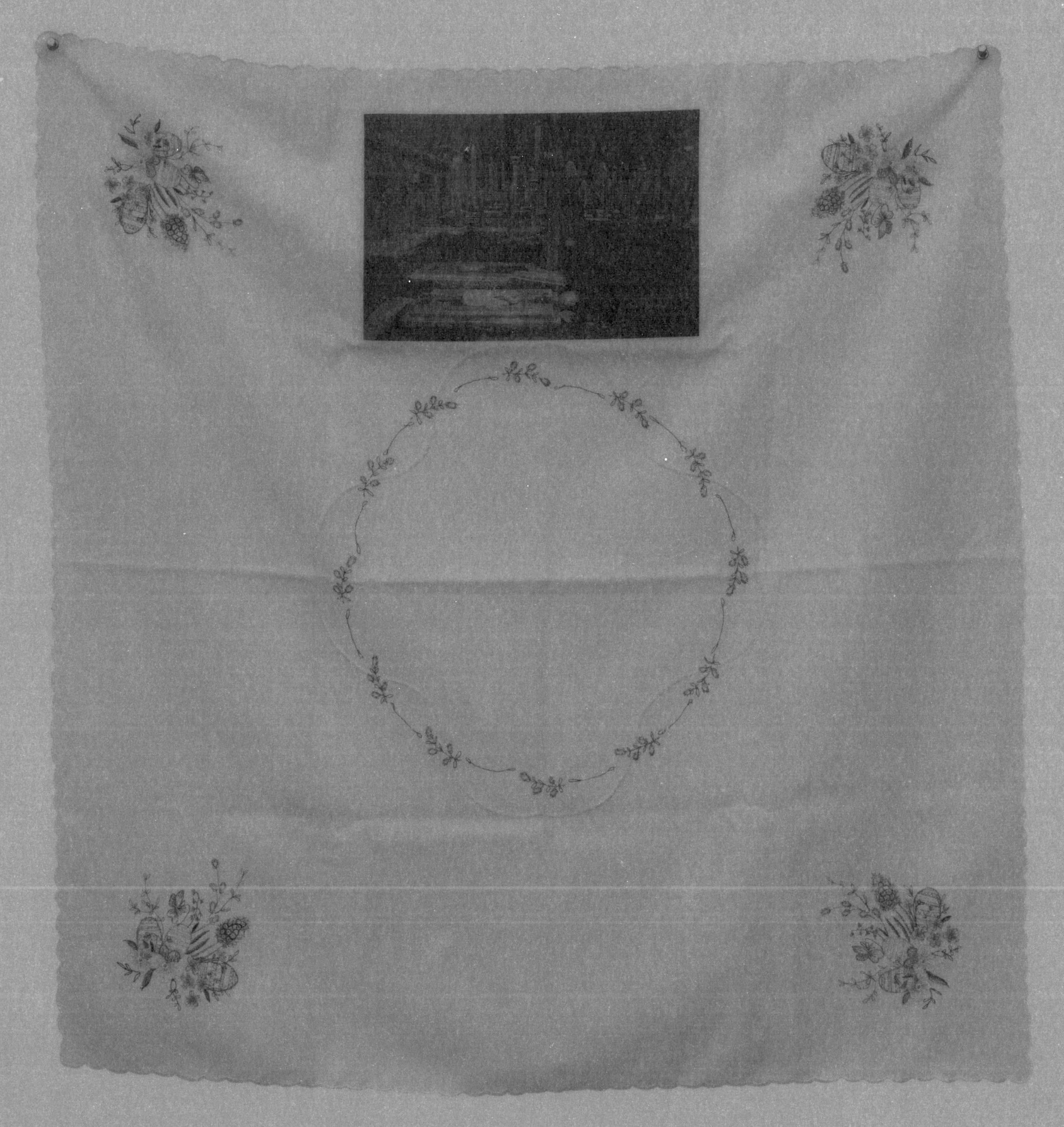

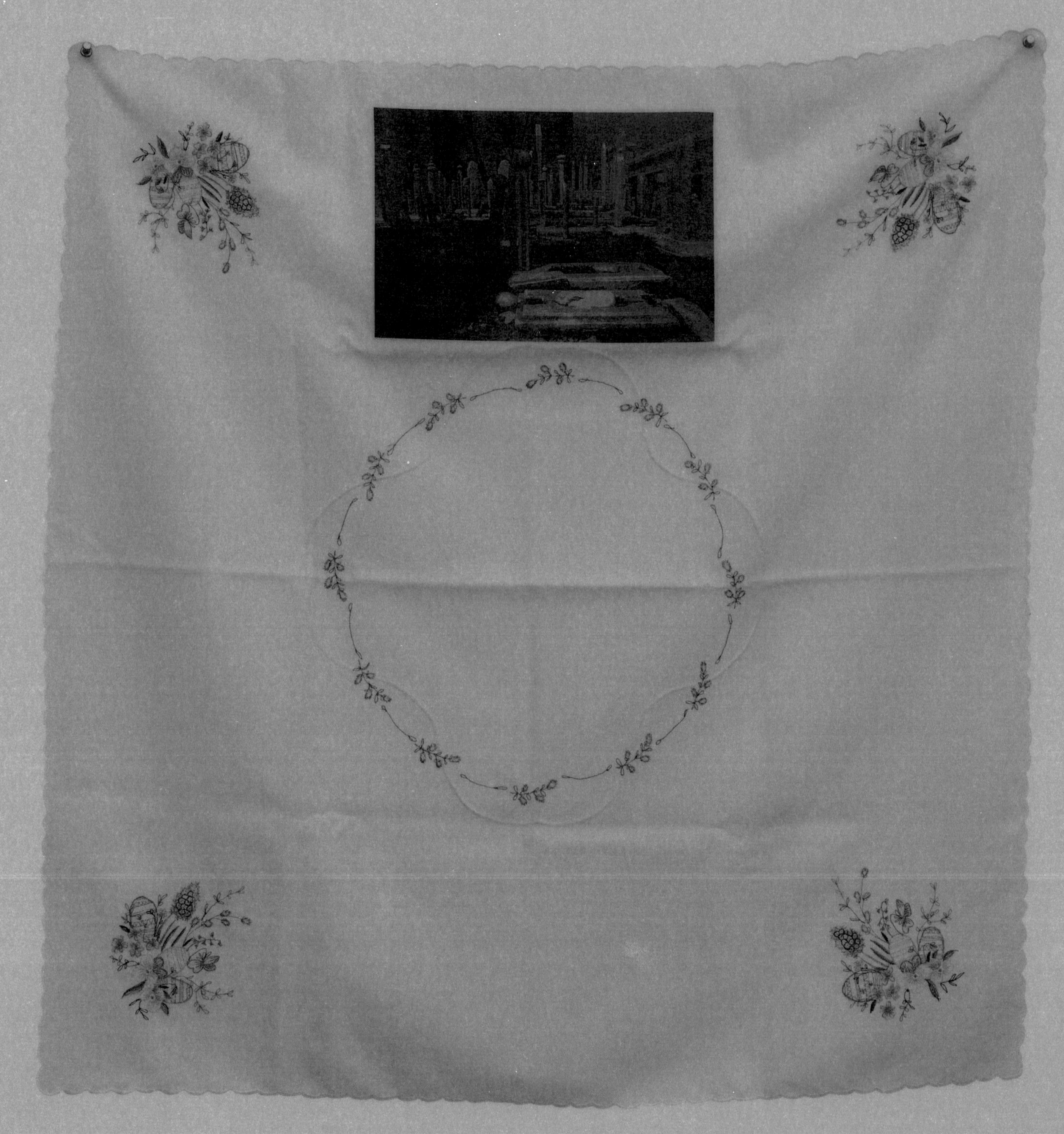

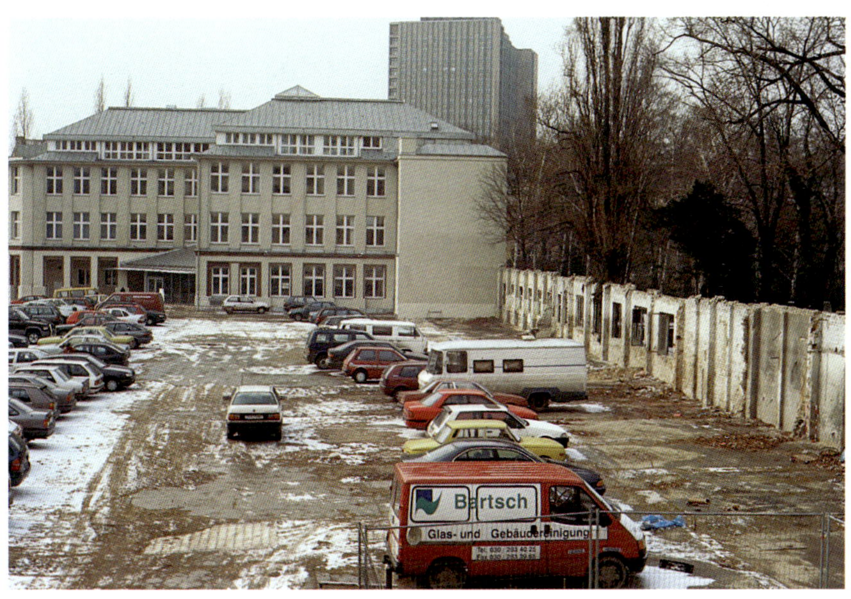

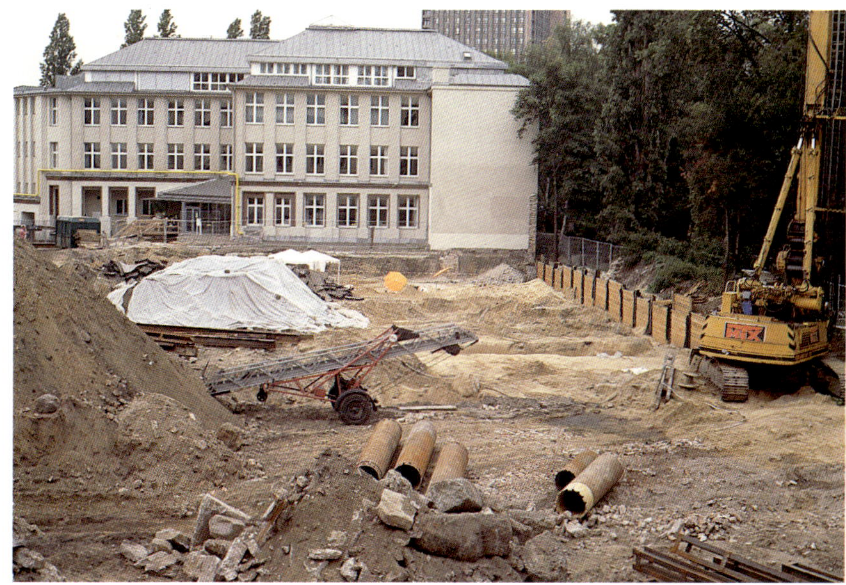

Berlin Mitte zwischen/*between*
Chausseestraße und/*and* Hannoverscher Straße,
1995 Parkplatz/*Parking lots* und/*and*
1997 Grabungsstätte/*Excavation site*

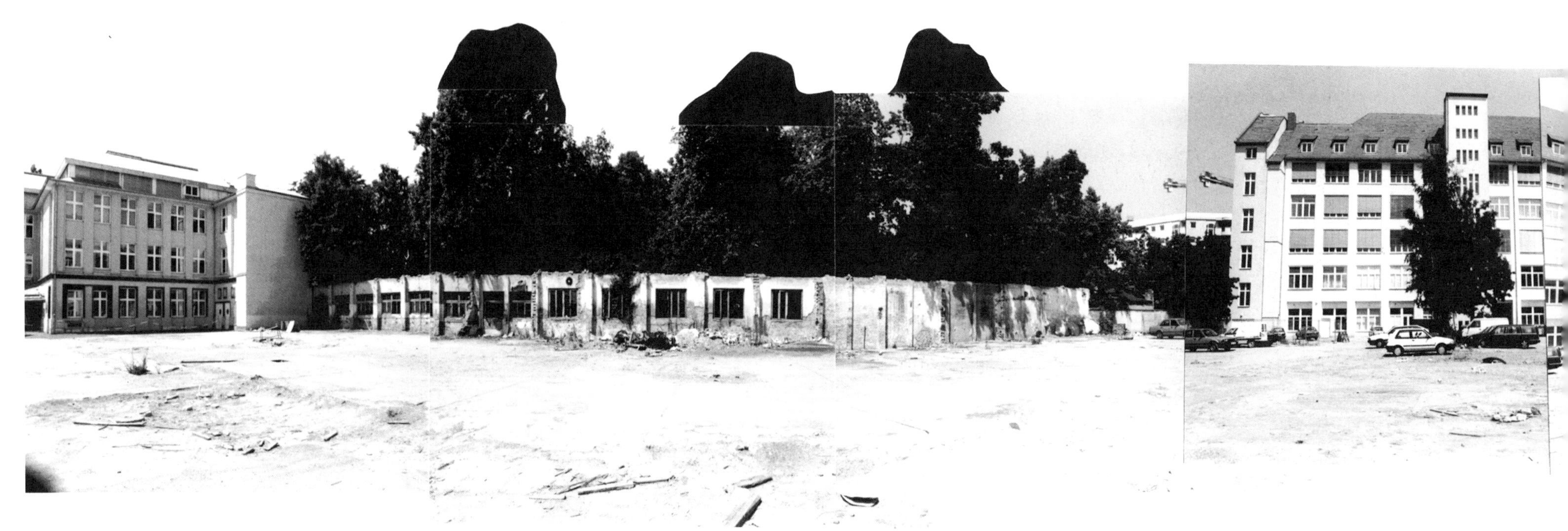

Fotomontage von/*Photomontage by* Norbert Faehling,
Berlin Mitte zwischen/*between* Chausseestraße und/*and*
Hannoverscher Straße, 1994

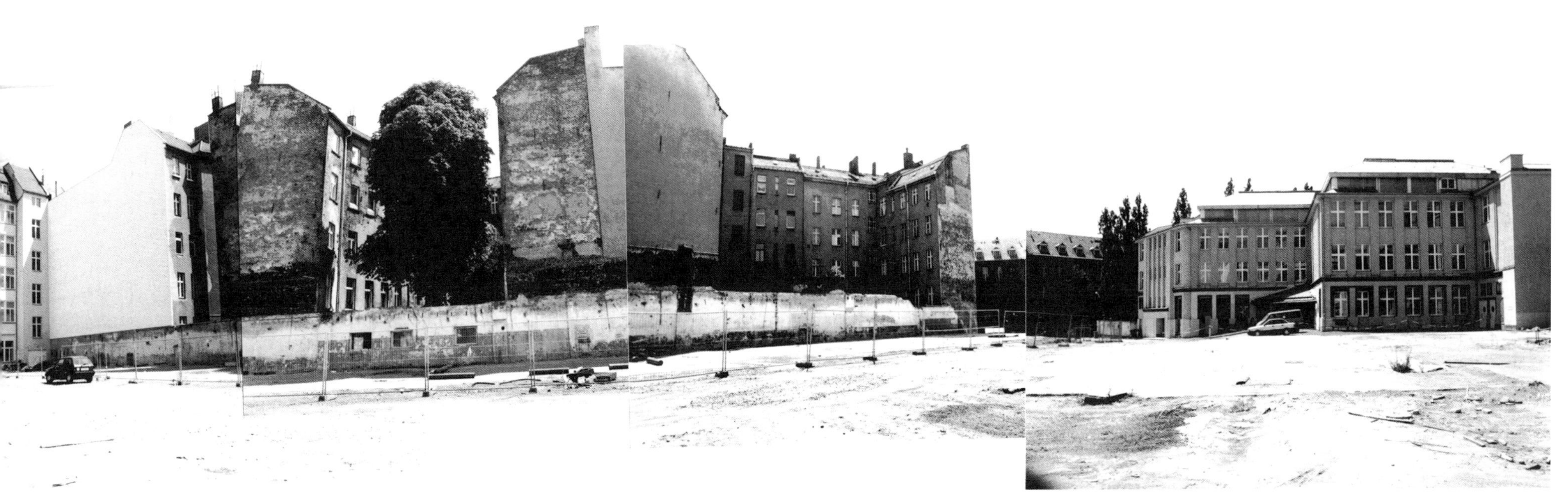

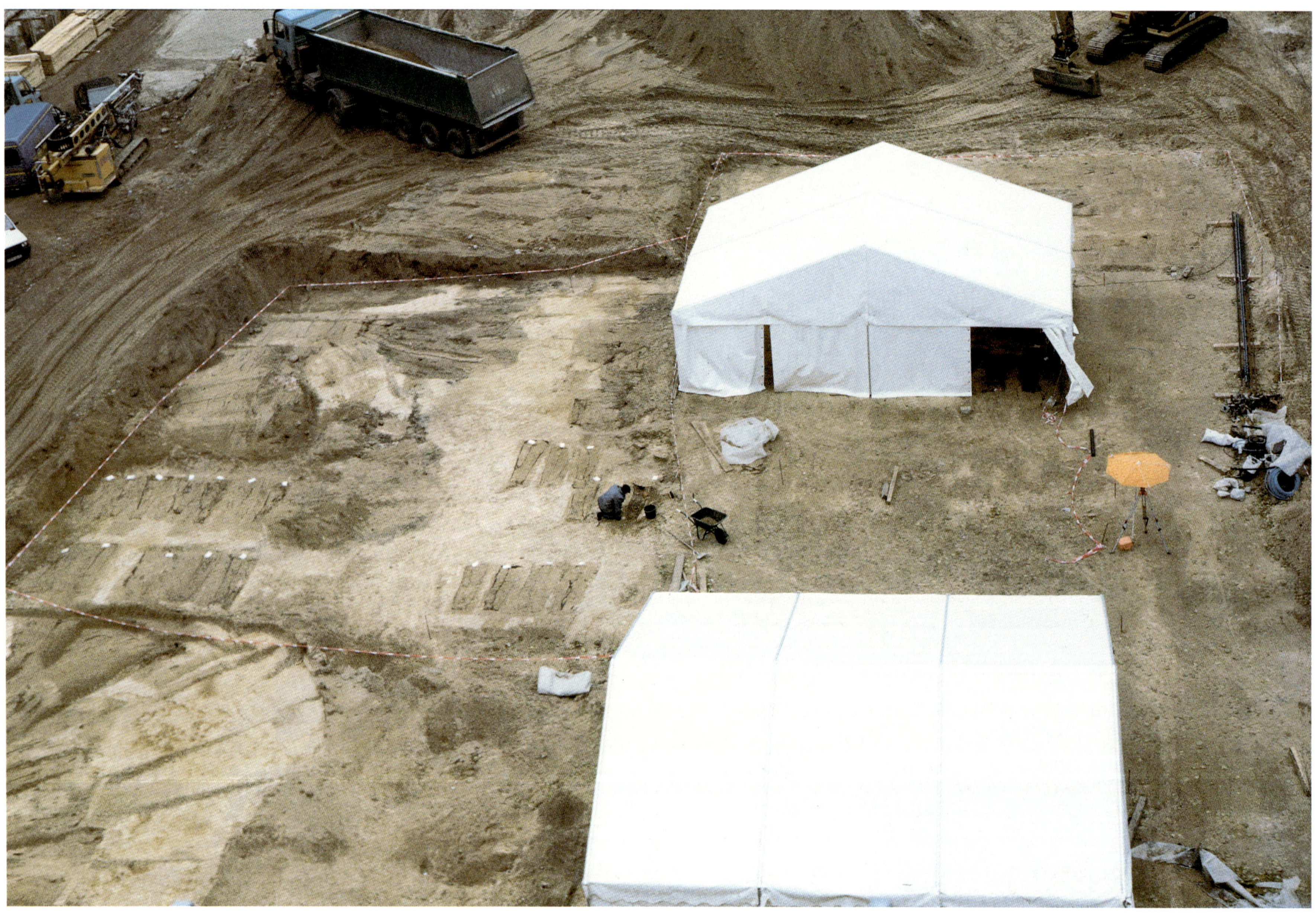

Grabungsstätte/*Excavation site* Berlin Mitte
zwischen/*between* Chausseestraße und/*and*
Hannoverscher Straße, 1997

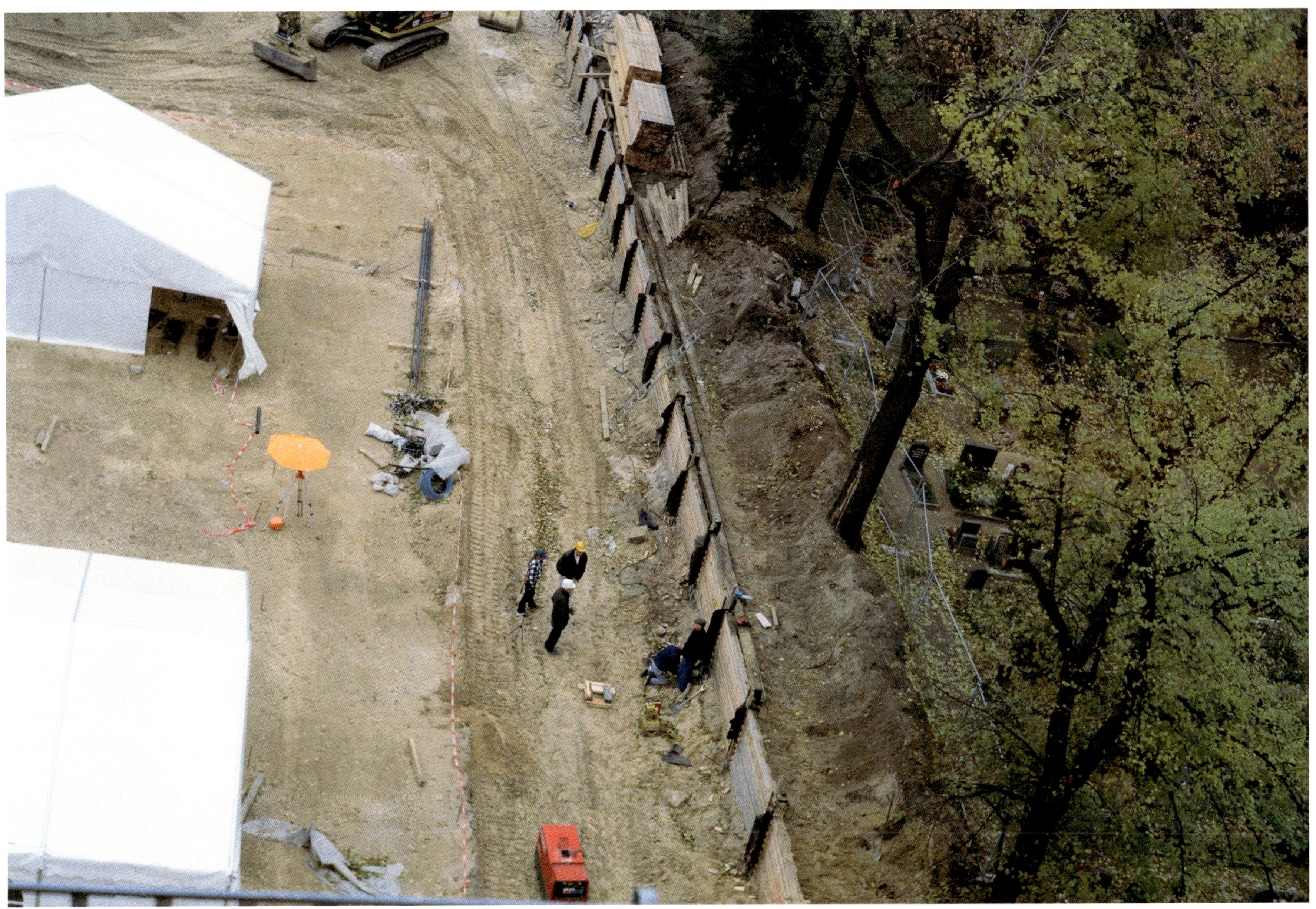

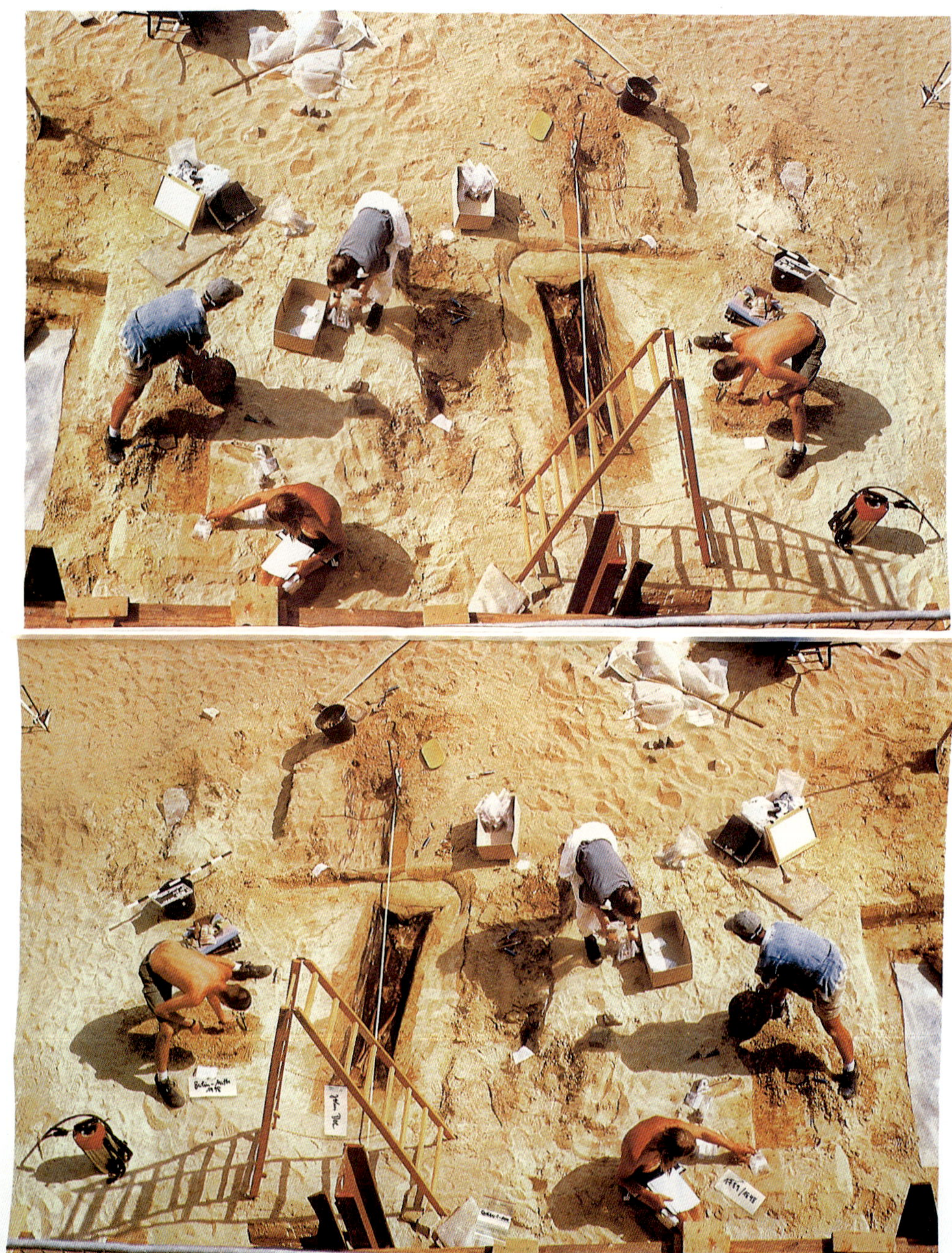

John Doe, das
Spiel der sieben Fehler, 1997/2001
2 Teile, je 123 x 246 cm

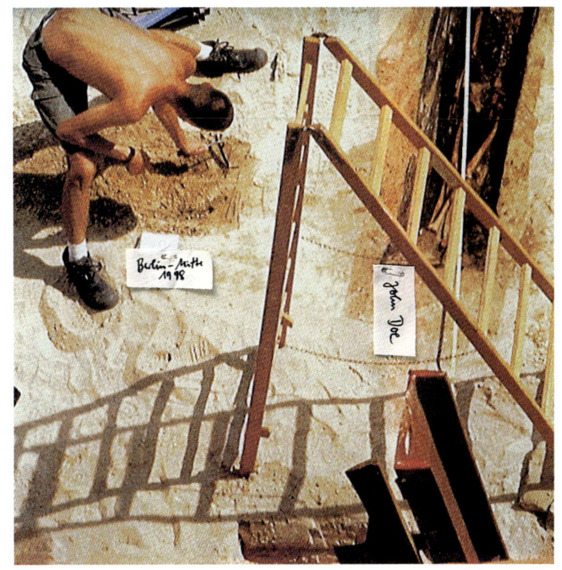
Berlin-Mitte
1998
John Doe

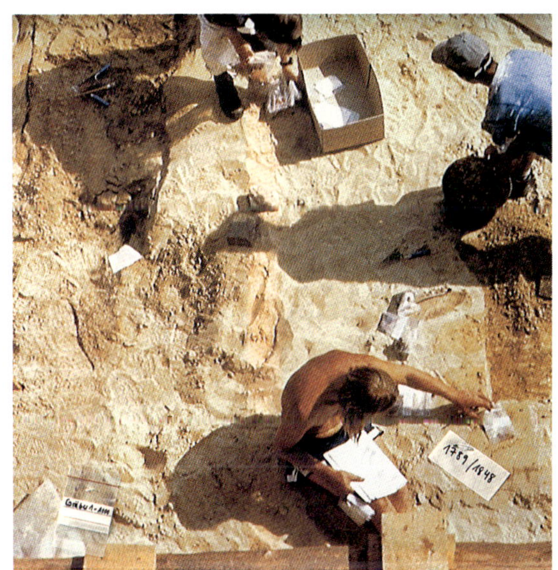
1789/1848

Paul Pozozza und Hegel

Reinhard Dinkelmeyer

Es geschah in einer geräumigen Loft – Wohnung im New Yorker Village. Paul Pozozza hatte sich widerstrebend dazu überreden lassen, dort eine Party zu besuchen und war seiner Gewohnheit gemäß mit einem doppelten Manhattan in einer stillen Ecke verschwunden, wo er sich von einer jungen blonden Künstlerin das Konzept ihrer geplanten Installation erklären ließ.

Während die ansonsten unbedeutende Party ihren Lauf nahm, sammelte sich eine Gruppe Intellektueller an dem großen Bücherregal, hinter dem es sich Paul Pozozza gemütlich gemacht hatte. Die lebhafte Diskussion wäre gleichwohl im Sande verlaufen, hätte sich nicht einer der Hauptsprecher nach einem besonders gelungenem Aperçu triumphierend gegen die Bücherwand gelehnt. Diese gewährte jedoch keinen Rückhalt, sondern stürzte nach kurzem Schwanken mit lautem Gepolter um.

Um Haaresbreite entging Paul Pozozza dem traurigen Schicksal, von einer Bücherwand erschlagen zu werden.

Reflexartig warf er sich zur Seite und nahm die junge Künstlerin schützend in seine Arme. Das Regal streifte noch sein Knie, ohne ihn ernsthaft zu verletzen.

Es entstand ein Riesentumult unter den Partygästen. Besorgt suchte man nach Verletzten. Der triumphierende Wortführer lag zappelnd rücklings auf einem Bücherhaufen. Verschüttete Gläser, händeringende Gastgeber, lautes Schreien, draußen bereits die Sirenen des voreilig gerufenen Krankenwagens – ein unbeschreibliches Durcheinander.

Wie wir es nicht anders von ihm erwartet hätten, bewahrte Paul Pozozza Ruhe und Geistesgegenwart. Die blasse Künstlerin wurde alsbald von ihrem aufgeregten boyfriend aus seinen schützenden Armen gerissen und Paul Pozozza befreite seine Füße aus einem Haufen Bücher.

Ehe er sich zu erheben versuchte, betrachtete er noch kurz das Buch, das ihm in den Schoß gefallen war. HEGEL!

So oder so ähnlich könnte die Geschichte beginnen.

Grabfund Berlin Mitte/*Graveyard excavations* zwischen/*between* Chausseestraße und/*and* Hannoverscher Straße, 1997

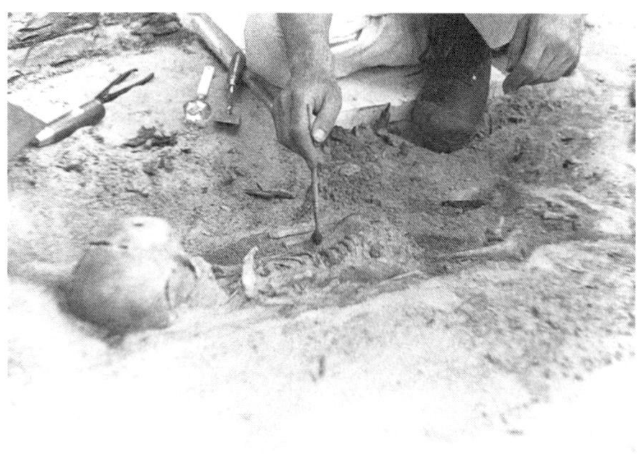

Paul Pozozza und Hegel

Reinhard Dinkelmeyer

It happened in a spacious loft-apartment in New York Village. Paul Pozozza had allowed himself to be talked into attending a party. There, as was his custom, he found a secluded corner with his double Manhattan; a blonde-haired artist regaled him with details of her planned installation.

During the course of this otherwise unexceptional party, a group of intellectuals gathered at the large bookshelf behind which Paul Pozozza had made himself at home. The lively discussion would have petered out – had not one of the main speakers made a particularly successful *bon mot*, and leant triumphantly against the shelves. These promptly gave way, teetering briefly, and collapsing with a loud thud.

Only a hair's breadth saved Paul Pozozza from being dispatched by a set of bookshelves!

As if by reflex, he flung himself from harm's way, taking the young artist protectively in his arms.

The shelf caught his knee, but he sustained no serious injury. The guests were overtaken by great alarm. They anxiously searched for victims. The triumphant spokesman lay kicking upon a heap of books.

There were overturned glasses, guests wringing their hands and screaming, and outside, already, the sound of sirens. The ambulance had been called too soon. Indescribable pandemonium!

As might have been expected of Paul Pozozza, he maintained his cool and presence of mind.

The pale young artist was summarily wrested from the protective embrace by her shaken boyfriend, and Paul Pozozza released his feet from a heap of books.

Before he managed to get up, he glanced at the volume which had fallen into his lap. HEGEL!

And so the story could begin.

Ort von Hegels erstem Grab/*Site of Hegel's original grave*
Berlin Mitte Hannoversche Straße

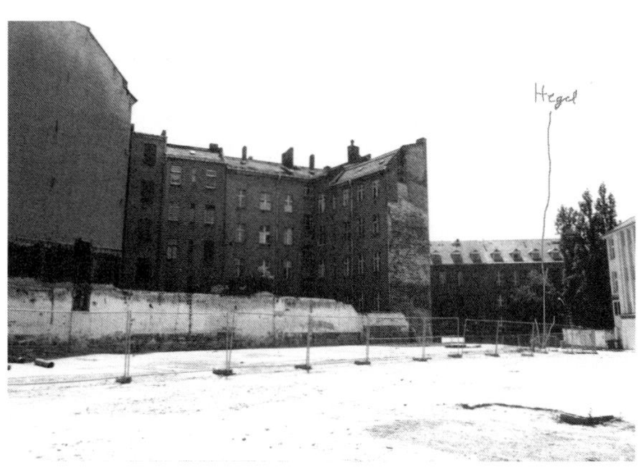

Chefideologe Hegel
Gespräch mit Julia Lohmann

Michael Haerdter

JL: Warum hast du Hegel einen Chefideologen der Kunst der Moderne genannt?
MH: Das ist begründet in der deutschen, speziell der Berliner Geistesgeschichte des frühen 19. Jahrhunderts und ihren Folgen. Hegel übernahm 1818 den Lehrstuhl von Fichte an der Berliner Universität. Dort hielt er in der Zeit zwischen 1823 und 1829 seine berühmten Vorlesungen über die Ästhetik, die das halbe intellektuelle Deutschland nach Berlin gelockt haben. Hegel sagte, der ›absolute Geist‹ zeige und realisiere sich unmittelbar in der Geschichte, und dabei dachte er an den starken preußischen Staat seiner Lebenszeit. Jedenfalls hat er so einen Teil der Essenz dessen philosophisch begründet und entwickelt, was wir die ›Moderne‹ nennen und als ihren Fortschrittsglauben kennen. Im geschlossenen System seiner Philosophie begründet er, daß sein Preussen auf der Höhe der Zeit und die Geschichte damit zu ihrem Ende gekommen sei.

Das Schicksal wollte es, daß er sich mit Karl Friedrich Schinkel befreundete, dem königlichen Hofbaumeister zu Berlin. Diese Freundschaft hat den Bau und Charakter des Alten Museums gegenüber dem Stadtschloß der Hohenzollern begleitet und beeinflußt. Kurz nachdem Schlüter den Schloßbau vollendet hatte, wollte Schinkel, der von der Antike und vom Mittelalter träumte, aus der Kunst jener als ganzheitlich imaginierten Zeit für Berlin Gewinn ziehen. Er errichtete sein Museum in der Gestalt eines griechischen Tempels für eine auratische Kunst, die dem Besucher eine Ahnung von der Existenz und Präsenz des ›absoluten Geistes‹ vermitteln sollte. Dem von der Großen Revolution eingeläuteten Zeitalter der Vernunft wollte er das Museum als Kirche und die Museumskunst als die neue Religion entgegensetzen, der man dort huldigen sollte.

Auch das eine Art von geschlossenem System, ein Konstrukt des Romantikers, den Verlust der Tradition göttlicher Geborgenheit vergessen zu machen. Bemerkenswert ist, daß diese Zelle, die da an der

Hegel, Chief-Ideologue
Conversation with Julia Lohmann

Michael Haerdter

JL: Why have you called Hegel a chief ideologue for the art of the modern era?
MH: That is based on the intellectual history of Germany and in particular, that of Berlin in the early nineteenth century, and what came in its wake. In 1818, Hegel took over the chair held by Fichte at the University of Berlin. It was there, between 1823 and 1829, that he delivered his famous lectures on aesthetics that drew half of thinking Germany to Berlin. Hegel said that the 'absolute spirit' was manifested and attained fulfilment directly in history, and in that assertion he was thinking of the powerful Prussian state of his own time. Certainly he gave a philosophical base to part of the core of what we call 'the modern era' and know as its faith in progress, and in that process he contributed to its development. In the self-contained system of his philosophy, he justifies the claim that his Prussia is at its apogee and history thus at its culmination.

Fate would have it that he befriended Karl Friedrich Schinkel, Master of Buildings to the Court at Berlin. The friendship coincided with and informed the construction and character of the Altes Museum, facing the Hohenzollern city palace. Soon after Schlüter had completed that schloss, Schinkel, dreaming of classical Antiquity and the Middle Ages, aspired to draw from the art of those integral times as they were then generally perceived, for the benefit of Berlin. He erected his museum in the form of a Greek temple, for an auratic art that was intended to convey to the museum-goer an intimation of the existence and presence of the 'absolute spirit'. Against the Age of Enlightenment rung in by the Great Revolution he sought to set the museum as a church and the art of the museum as the new religion that was to be worshipped there.

This, too, a kind of closed system, a construct of the Romantic's with which to let the loss of the tradition of shelter and security in the Divine be forgotten. It is remarkable that this cell that arose on the Spree was to have infinite effect, right into our post-modern time. A consequence was that Joe Bloggs would re-

Spree entstanden ist, eine unendliche, bis in unsere postmoderne Zeit hineinreichende Wirkung zeitigte. Das hat dazu geführt, daß die Museumskunst von Otto Normalverbraucher als die Kunst schlechthin angesehen wurde und wird. Die Museen werden nach wie vor als die zentralen Kulturtempel und ihre Kunst als eine Art von Religion betrachtet. Vornehmlich von der euro-amerikanischen Abstraktion des 20. Jahrhunderts gilt dies bis heute, von Mark Rothko und Ad Reinhard zum Beispiel oder vonYves Klein bis hin zu James Turell, der von seiner Kunst sagt, sie sei nichts Geringeres als die Offenbarung. Die Legende des Kunstmuseum als Kirche und der Kunst als ihrer Religion hatte während zweier Jahrhunderte Bestand. Doch sie neigt sich seit geraumer Zeit ihrem Ende zu.

Eine Opposition gegen diese Legende und zugunsten der uneingelösten Ideale der Französischen Revolution formierte sich schon gegen Ende des 19. Jahrhunderts. In den Künstlern der alternativen Moderne fand sie von Anfang des 20. Jahrhunderts an starke Verfechter. Gegenüber der Museumskunst, die eine starke nationale Ausrichtung zeigte, waren die alternativen Strömungen und Gruppierungen internationalistisch oder kosmopolitisch eingestellt – Das Bauhaus, das Neue Bauen, der Neue Tanz u. a. dachten von neuem an eine Welt der Gleichheit und Brüderlichkeit, eines neuen Menschen in einer neuen Weltordnung, in der Kants ›ewiger Friede‹ herrschen sollte – wenn auch ihr Impuls über kulturreformerische Taten – so wichtig und weiterwirkend sie auch gewesen sind – nicht hinausreichte. Kant definierte den Künstler als ›Genie‹, als Gestalter jener Aura, die von großen Kunstwerken ausgehen sollte. Der kritischen und antimetaphysischen Philosophie David Humes, die Einfluß auf Kant hatte, setzte der Königsberger jedoch eine Aufklärung entgegen, die hier einen Zug ins Transzendentale nahm. Hegel nahm hiervon vieles wieder auf. So begründeten beide eine Tradition von nachhaltiger Wirkung, nicht zuletzt in der euro-amerikanischen Kunst. Daher die etwas despektierliche Bezeichnung Hegels als ihres ›Chefideologen‹. Das ist alles in allem eine höchst bemerkenswerte Geschichte, auch wegen der in Berlin und dann an vielen anderen Orten Stein gewordenen Form dieser Ästhetik und Weltanschauung. Heute ist es hingegen unsere Aufgabe, woran ja viele unermüdlich arbeiten, eine andere Kunst und ihre Denkweisen und Macharten aus der Peripherie ins öffentliche Bewußsein zu holen. [...]

JL: Der Außenminister in der Mitte, weil die Anderen Modernen da schon angekommen sind?

MH: Du hast recht, sie sind längst da. Sie sind der, die, das Andere in uns selbst, und sind deshalb schon längst da. So kann man es auch sagen. Das ist nicht mehr wegzudenken oder wegzudiskutieren. Davor schützt auch die Schengener Mauer um die Festung Europa nicht. Das kommende Jahrtausend wird uns eine andere Welt bringen, die uns, unser Selbstverständnis, unsere Städte und uns tiefgreifend verändern wird.

Um Mißverständnissen vorzubeugen, das ist der Versuch einer Deutung der Zeichen unserer Zeit und keine Wunschvorstellung. Gäbe es noch eine mit Sinn und Bedeutung erfüllte ›Mitte‹: ich wäre glücklich, sie willkommen zu heißen. Und womöglich wäre sie dem vorzuziehen, was uns im 21. Jahrhundert droht. Uns fehlen die Kriterien, dieses Kommende oder Drohende zu beurteilen, es vorausschauend zu erkennen.

gard museum art as the archetype of art altogether, and continue to do so to this day. Museums are still seen as the central temples of culture, and their art as a kind of religion. This applies patently to Euro-American abstract art of the twentieth century, to Mark Rothko and Ad Reinhard, for example, or to Yves Klein and all the way to James Turrell, who says of his art that it is nothing less than the Revelation. The legend of the art museum as a church and of art as its religion thrived for two centuries; but for a considerable time now, it has been in the process of losing sway.

One opposition to this legend and in favour of the unrealised ideals of the French Revolution was already forming towards the close of the nineteenth century. From the beginning of the twentieth, it found strong champions in the artists of the alternative modern movement. Unlike museum art, which displayed a marked national orientation, the alternative currents and groupings were of an internationalist or cosmopolitan set. – The Bauhaus, the Neues Bauen, Neuer Tanz and others once more had a world of equality and brotherhood in mind, a new human being in a new world order in which Kant's 'eternal peace' would reign – even though they did not motivate more than culture-reforming acts, as important and consequential these were. Kant defined the artist as a 'genius', as the creator of that aura that must emanate from great works of art. The enlightenment with which the thinker from Königsberg countered David Hume's critical and anti-metaphysical philosophy, however, – which had influenced Kant – was of a kind informed by the transcendental. Hegel resumed much of this. Thus, both founded a tradition of lasting influence, not least in Euro-American art. That is where the somewhat disrespectful epithet of Hegel as its 'chief ideologue' comes from. All in all, it is a highly remarkable affair, also for the form that this aesthetic and outlook took, in stone, in Berlin and elsewhere. Today, in contrast, we are called upon to take a different art and its ways of thinking and manners of realisation out of the periphery into the public conscious, and many are those who are working untiringly to that end. [...]

JL: The Foreign Minister in the middle, because the other Modernists have already got there?

MH: You're right, they got there long ago. They are the Other (person, thing) in us and for that reason, they already got there long ago. It could be put that way. The fact cannot be denied or debated away. Not even the ramparts of Schengen girthing Fortress Europe can keep this out. The coming millennium will present us with a different world that will profoundly alter our self-understanding, our cities and much more.

To forestall any misunderstandings – that is an attempt to interpret the signs of our times and not wishful thinking. If there were still a 'centre' charged with sense and meaning, I would welcome it gladly; and it might be preferable to what the twenty-first century seems to hold in store. We lack the criteria to assess whatever this imminent or threatening thing is, we cannot anticipate it. But that is far from saying that we should stick our heads in the sand in response.

About seventy-five years ago, Kandinsky was bold enough to attempt a look into the future in a short essay. He called the nineteenth-century of ruptures, contrasts and ideological conflict a world of 'either-

Plakat/*Poster* PPM-Berlin, 1995

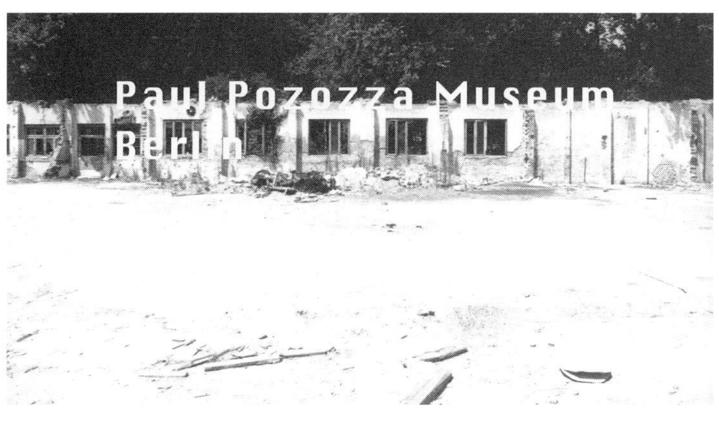

Aber das ist noch lange kein Grund, den Kopf vor ihm in den Sand zu stecken.

Vor circa 75 Jahren hat Kandinsky in einem kleinen Essay die Vorausschau gewagt: Das 19. Jahrhundert der Brüche, der Gegensätze, der ideologischen Konflikte nannte er eine Welt des ›entweder-oder‹. Die Zukunft werde dem ›und‹ gehören, einer Welt der vielen Identitäten, Kulturen, Wahrheiten, Werte. Wir werden lernen müssen, mit diesem Nebeneinander zu leben, in den Dialog der Andersartigkeiten und der Gegensätze einzutreten, andere Werte zu erkennen und anzuerkennen. In den Dialog auch mit uns selbst einzutreten, denn wir werden erkennen, daß die Gegensätze und Widersprüche auch in uns selber stecken.

Wir müssen uns verabschieden von der Vorstellung eindimensionaler Biografien, die sich auf vorbestimmten Flugbahnen vollenden, und uns an elliptische Viten voller Überraschungen gewöhnen. Auch an die uns selbst betreffende Frage: wer bist du? wohin treibt dich das Leben? Unsere Welt wird anders sein als wir sie heute denken, unsere Städte werden anders sein. Sie werden verlieren, was wir heute noch als ihre ›Mitte‹ ansehen, nachdem sie ihre ›christliche Mitte‹, die sich stets im Glauben erneuern müßte, längst verloren haben. So, wie Wilhelm Hausenstein schon vor siebzig Jahren Berlin charakterisierte, daß es nämlich ›eine hoffnungslos antikathedralische Stadt‹ sei. Was Berlin in der Entwicklung, die uns bevorsteht, vielleicht einen gewissen Vorsprung sichert [...]

Wir werden uns vermutlich auf eine polyzentrische urbane Kultur einzustellen haben, die auch zunehmende Armut, Slums, Favelas einschließen dürfte. Wenn wir akzeptieren, daß wir es mit einer ›geborstenen Realität‹ zu tun haben, wie Lyotard es einmal ausdrückte, mit unserer gespaltenen Persönlichkeit, werden wir den Spagat besser bewältigen können zwischen unseren *Ahnen*, die uns weiterhin begleiten, und dem, was wir voraus*ahnend* als unsere Zukunft erkennen. Um auf die Kunst zurückzukommen: sie hat es – learning by doing – schon lange gelernt, sich auf dem ungewissen Terrain, das ich zu beschreiben versuche, zu orientieren, sie hat sich schon längst auf eine offene Praxis der pluralen, dissenten, kritischen und vorläufigen Formen eingestellt. [...]

or'. The future, he proposed, would belong to 'and', a world of many identities, cultures, truths and values. We will have to learn to live with this side-by-side, to enter into the dialogue of contrasts and differing characteristics, and to recognise and acknowledge other values: to enter into dialogue, too, with ourselves, for we will recognise that the contrasts and paradoxes also subsist within ourselves.

We must abandon the notion of one-dimensional biographies fulfilling themselves along predetermined orbits and accustom ourselves to elliptical careers full of surprises. We must become accustomed to the question concerning ourselves – who are you? where is life propelling you? Our world will be different from the way we imagine it today, our cities will be different. They will lose what we still regard as their 'centre', having long lost their 'Christian centre' that depended on constant renewal in the Faith. Just as Wilhelm Hausenstein characterised Berlin all of seventy years ago as being 'a hopelessly anti-cathedral city'. Which, in the development we are about to undergo, may assure Berlin a certain lead [...]

Presumably, we will have to adjust to a polycentric urban culture of which increasing poverty, slums and favelas will be part. If we accept that we are dealing with a 'reality burst asunder,' as Lyotard once put it, with our split personality, then we will be the better able to master the gymnastic splits between our *ancestors*, who continue to accompany us, and that which we recognise at least by intimation as our future. To return to art, it learnt long ago, 'by doing,' to find its way through the uncertain terrain I am trying to describe and long ago readjusted to an open procedure with plural, dissenting, critical and provisional forms. [...]

We were talking about the Hegel-Schinkel coalition to regain lost traditions with the aid of art, to restore to God his due via the detour of the museum and to reverse the ages-old loss of a centre to the world – to re-establish a sense of existential safeness. This self-defence tactic makes absolute sense when one considers the impact the Great Revolution must have had on most contemporaries. Self-protection by means of art worked, at any rate to a considerable extent, and was later christened 'mainstream.' [...]

Wir sprachen von der Hegel-Schinkelschen Koalition, verlorene Tradition mit Hilfe der Kunst zurück zu gewinnen, Gott auf dem Umweg über das Museum wieder in seine Rechte einzusetzen und den uralten Verlust eines Zentrums der Welt rückgängig zu machen, existentielle Geborgenheit wiederherzustellen. Diese Selbstschutzmaßnahme kann man sehr wohl nachvollziehen, wenn man sich den Schock vor Augen führt, den die Große Revolution bei den meisten Zeitgenossen ausgelöst haben muß. Der Selbstschutz mittels Kunst funktionierte, jedenfalls in beträchtlichem Umfang, und wurde später auf den Namen ›Mainstream‹ getauft. [...]

Die herbe Wahrheit einer sich dramatisch verändernden Welt und ihrer »nicht mehr schönen Künste« (wie Lyotard sie einmal nannte) ließ sich nur schwer vermitteln, hingen die europäischen Menschen doch allzu sehr an ihrem Kinderglauben, ›Mitte‹ und ›heile Tradition‹ und nicht zuletzt die Überlegenheit der eigenen Kultur, des eigenen Weltbildes seien ewig gültige, gerade ihnen von Gott gegebene Geschenke. Sie sind jedoch geschichtlich bedingte ›Erfindungen‹, die durch andere, ebenso geschichtlich bedingte zu gegebener Zeit ersetzt werden müssen. Die dramatischen Ereignisse des und seit dem 11.September 2001 erinnern uns daran mit allem Nachdruck.

Diese Zeit ist schon lange reif. Die ›Menschenrechte‹ sind 1789 verkündet worden – wie lange dauerte es bis die Ideen von Freiheit, Selbstbestimmung und Gleichheit in unseren Verfassungen verankert und rechtswirksam wurden? Dazu haben auch die Künstler entscheidend beigetragen. Doch wir leben inmitten von Widersprüchen und Ungleichzeitigkeiten. Zum Beispiel sind die ›Tempelbauer‹ seit zwei Jahrzehnten vor allem in Japan aktiv, wo wir einen Museumsboom beobachten können. [...]

Der Ehrgeiz von Lokalpolitikern, die jeweilige Nachbarstadt durch noch größere und schönere Bauwerke – ganz wie in Europa – zu übertrumpfen, tat ein übriges. Wir haben es mit Ehrgeiz und Immitationseffekt zu tun. Und natürlich mit der konservativen Grundhaltung aller Verwaltungen, wo immer in der Welt. [...]

Die Städte lassen sich ihre eigenen ›Geschlechtertürme‹, wie einst in Bologna und San Giminiano, nicht nehmen, dagegen kommt auch ein kluger – gerade ein kluger – Politiker nicht an. So wurden denn überall prachtvolle ›Kulturtempel‹ mit eigener Infrastruktur errichtet, Vorzeigeobjekte für den Stolz der Städte, ihrer Bürgerschaften und Verwaltungen, ob man sie brauchte oder nicht, ob man sie sich leisten konnte oder nicht. Phallusobjekte. Wie das Centre Beaubourg in Paris, das sich Pompidou hat hinstellen lassen, oder die neue französische Staatsbibliothek von Mitterand, die auch wegen übereilter Planung ein Flop ist, freilich ein teurer. Erst heute, mit der grassierenden Verarmung der Kommunen, kehrt etwas mehr Vernunft ein. Dabei hätten wir sie schon lange gebraucht um besserer, klügerer Bedingungen für die Künstler und ihre Arbeit willen.

The sobering truth of a world undergoing drastic change and the 'no longer fine arts' (as Lyotard once called them) was anything but readily broadcast. Europeans were too attached to their childlike faith in the 'centre' and in 'intact tradition', not to mention the supposed superiority of their own culture and their own world picture, as eternally valid gifts bestowed by God, upon them of all people. But these were 'inventions' engendered under the impulses of history and they must be supplanted by others, equally conditioned by history, in their time. The dramatic events of and since September 11, 2001 have impressed this on us with all urgency.

The time is ripe and long has been. The 'human rights' were declared in 1789, and how long was it before the notions of liberty, self-determination and equality were vouchsafed in our constitutions and became law? Artists were among the decisive movers in the process.

But we live amidst paradoxes and in disjunctions of timing. For example, the 'temple builders' have been particularly active in Japan, where a museum boom can be observed. The ambition of local politicians to outdo their respective neighbouring towns with ever bigger and finer buildings, quite in the European way, has seen to the rest. We are dealing with ambition and imitation effects.

And, of course, with the conservative basic outlook of all administrations, wherever in the world they may be. [...]

The cities will not be denied their 'dynastic towers' à la Bologna or San Giminiano of old, and no politician, least of all a wise one, will be able to do anything about it. Thus, resplendent 'temples of culture' were erected everywhere, with their own infrastructure – showpieces for the pride of their cities, their civic communities and administrations, irrespective of whether they were necessary or not, of whether they could be afforded or not.

Phallic objects. Such as the Centre Beaubourg in Paris, which Pompidou had placed there in his honour, or Mitterand's new French State Library, a flop not least for its hasty planning – and an expensive one. Only today, with the ubiquitous impoverishment of local authorities, is reason returning, piecemeal. We could have done with it long ago, for the sake of better, more intelligent conditions for our artists and for their work.

Inschrift am Alten Museum/*Inscription at the Altes Museum*, Berlin Mitte, Schloßplatz (Detail)

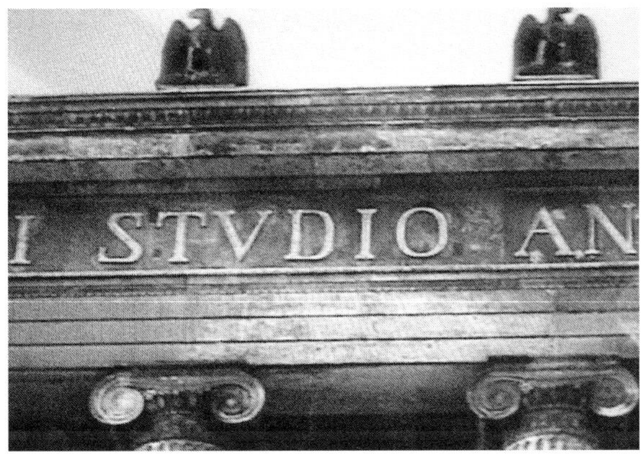

Dialektik – Dialog
Gespräch mit Julia Lohmann

Bernd M. Scherer

BS: Bei Hegel sehe ich das Problem, daß er die historische Entwicklung der Philosophie nachzeichnet um zu beweisen, daß letztendlich das Denken mit ihm seinen Höhepunkt und Abschluß erreicht und damit das Ende der Geschichte gekommen ist, – wie auch Fukujama das für das 20. Jh. sagt. Bei Hegel ist es das Ende der Geschichte der Ideen, bei Fukujama auch das Ende der Geschichte politischer Systeme und Ideologien. Das ist ein sehr statisches Verständnis der Geschichte von kulturellen Prozessen und es ist sehr monologisch, dadurch, daß in einer Person praktisch eine ganze Entwicklung zusammengefasst wird und alle anderen Positionen in dieser einen Position aufgehoben werden. Gegen beide Aspekte gibt es gute Gründe zu argumentieren. [...]

Dialektik ist bei den Griechen jedenfalls prozeßhaft. Bei Hegel ist es keine eigentliche Dialektik, weil sie monologisch angelegt ist, weil von vornherein für den, der da denkt, das Ergebnis schon feststeht und nicht erst erzeugt wird im Prozeß des Denkens.

JL: Es ist also eine Täuschung?

BS: Ja. Im dialogischen Ansatz geht es darum, daß Positionen nicht von vornherein vermittelt sind, sondern daß das Denken sich immer eine Offenheit bewahrt und es auch zu dem Ergebnis kommen kann, daß sich mehrere Positionen einfach unvermittelt gegenüberstehen und nicht mehr zu Synthesen gelangen. In der Form von Dialektik, wie Hegel sie angibt, hebt sich ja der gesamte Prozeß in der endgültigen Synthese auf.

Wenn wir jetzt anthropologisch argumentieren, ist dies unmenschlich, weil es praktisch eine Einschmelzung aller möglichen Perspektiven in einer ist. Menschliche Geschichte lebt vom Erhalt verschiedener Positionen.

Wenn z. B. das, was wir jetzt unter Globalisierung diskutieren, zu einer Homogenisierung führen würde, würde menschliches Leben im traditionellen Sinne sterben, weil es keine Entwicklung mehr gibt. Es gäbe nur vorhersagbare Maschinen.

In einem dialogischen Ansatz würde die Diffe-

Dialectic – Dialogue
Conversation with Julia Lohmann

Bernd M. Scherer

BS: For me, there is a problem in Hegel in that he retraces the development of philosophy in order to prove that ultimately, thinking reaches its highest point in him to end there and with it, history itself, as Fukujama claims in turn for the twentieth century. In Hegel, it is the end of the history of ideas; in Fukujama, also the end of the history of political systems and ideologies. This is a very static understanding of the history of cultural processes, and it is very much a monologue, in that one person is mooted as virtually the embodiment of a whole development and all other stances are subsumed or submerged within this one, single stance. There are strong arguments against both reasons. [...]

Dialectics is processual, certainly in the Ancient Greeks. In Hegel, it is not a dialectic proper, because it is based on a monological plan, because for the individual thinking this, the result is a foregone conclusion and not something only engendered in the process of thought.

JL: So it is a delusion?

BS: Yes. The dialogical approach is about positions not being stated from the outset, but that thinking always maintains an open door, and, besides, that the outcome may be one where several stances simply confront one another and never reach a synthesis. In the form of dialectics propounded by Hegel, though, the whole process is consumed in the final synthesis.
If we go on to argue from an anthropological standpoint, it becomes inhuman, since it amounts in effect to the subsuming of all and any perspective in a single one. Human history lives from the maintaining of different stances.
If, for example, what we now debate as 'globalisation' were to lead to homogenisation, human life in the traditional sense would end because there would be no more development. There would only be predictable machines.
In a dialogical approach, the difference that is always an element in processes, would be acknowledged, and the process would not always dead-end in a position.

renz, die in Prozessen immer auch da ist, anerkannt werden, und der Prozeß nicht immer in einer Position aufgehoben werden. [...]

Die Überlappungen der Perspektiven müßte man als eine gemeinsam getragene Realität verstehen, aber es gibt immer wieder subjektive Anteile auch im Denken, nicht nur in der Wahrnehmung, die letztendlich nicht in diesem objektiven Anteil aufgehen. Ein wirklich dialogischer Ansatz würde versuchen, dies auch sichtbar zu machen. [...]

Z. B. Kulturpolitik. Hegel stellt in seinem System die Entwicklung als abgeschlossen dar. Wie dynamisch Prozesse sind und wie unabgeschlossen macht die Entwicklung des Verhältnisses von Kultur und Politik seit den 60er Jahren deutlich. Es kommt auf die Sensibilität an, neue Zusammenhänge zu erkennen. Häufig wird heute geklagt, daß künstlerische Auseinandersetzung in Deutschland zu unpolitisch sei, daß sie keine politische Relevanz, keine politische Aussagekraft hat. Das liegt an einer bestimmten Betrachtungsweise des Verhältnisses von Kultur und Politik: In den 60er, 70er Jahren wurde Kultur deshalb als politisch angesehen in Deutschland, weil sie sich mit Deutschland und seiner Geschichte beschäftigte, d. h. die Künstler setzten sich direkt mit dem Innenleben der Republik auseinander. Heute hat dies eine viel geringere Relevanz. Der politische Aspekt heute wird dann erst sichtbar, wenn man sozusagen das Koordinatenkreuz verschiebt, wenn man das, was in der Bundesrepublik geschieht, in einen internationalen Rahmen stellt. In dieser Auseinandersetzung spielt die bundesrepublikanische Szene eine ganz klare politische Rolle, es gibt kulturpolitische Auseinandersetzungen: z. B. daß Künstler, die aus Schwarzafrika, aus Asien kommen, lange Zeit durch unsere Kulturinstitutionen negiert wurden. Kultur wird heute politisch, wenn man die internationalen Rahmenbedingungen mit denkt und sie ist dann sehr unpolitisch, wenn man sie nur als eine Nationalkultur beschreibt. Kulturpolitik in unserem Land versucht eigentlich die Entpolitisierung von Kultur, nämlich als Repräsentationsfaktor. Der Punkt ist genau der, daß Kulturpolitik eine entpolitisierte Kultur politisch verwendet. In den 60er, 70er Jahren wurde genau das zum Problem der internationalen Kulturpolitik der Bundesrepublik. Kultur, die man verkaufen wollte, war sehr stark politisch und die ließ sich nicht so einfach entpolitisieren. Deshalb gab es mit den Goethe-Instituten in den 70er, 80er Jahren Streit. Einerseits wollte man mit deutscher Kultur ›Staat machen‹ – gleichzeitig war das aber eine sehr hochpolitisierte Form von Kultur. Deshalb kam es immer wieder zu Konflikten zwischen der Kulturpolitik und der Kultur. Meine These hierzu ist: Dieser Konflikt, jedenfalls wenn man ihn nationalstaatlich betrachtet, ist heute so stark nicht mehr gegeben. Und zwar deshalb, weil bezogen auf die Innenverhältnisse, ein relativ großer Konsens da ist. Indem du internationale Verhältnisse einbringst, kommt wieder dieser politische Aspekt von Kultur hinein. Ob bundesdeutsche Künstler oder nicht-bundesdeutsche Künstler – alle, die die Spannung zwischen Innen und Außen mitreflektieren in ihrer Arbeit, haben Probleme. [...]

Die Peripherisierungsprozesse, die momentan in großem Maße in unserem Land stattfinden, artikulieren sich kaum. Sie bestimmen nicht wirklich den Diskurs, das findet einfach noch nicht statt in der Form. [...]

The overlaps of perspective would have to be comprehended as a jointly borne reality, but subjective aspects keep cropping up, not just in perception but in thinking, too, aspects that ultimately will not be totally accounted for in this objective part. A truly dialogic approach would try to make that visible. [...]

Cultural policy. In his system, Hegel presents development as concluded. How dynamic processes are and how far from conclusive, is made plain in the development of the relationship of culture and politics since the 1960s. The crucial thing is the sensitivity required to perceive new connections. There is a frequent complaint today that artistic discourse in Germany is too a-political, lacking in political relevance or a political voice. This is due to a certain way in which the relationship between culture and politics is seen. In the 1960s and 1970s, culture was regarded as political in Germany because it was concerned with Germany and its history, that is, artists took on the workings of the Republic directly. Today, this is far less topical. The political aspect today only becomes visible if, as it were, the vertical and horizontal co-ordinates are shifted – if current events in Germany are placed in an international context. In this debate, the arts scene in the Federal Republic is given a clear-cut political part to play and there are politico-cultural arguments. For example that our arts institutions for a long time negated artists who come from Black Africa or Asia. Today, culture is becoming political where the international state of affairs come into consideration, but highly un-political if it is described only in terms of a national culture. Cultural policy in our country actually strives to de-politicise culture to have it as a representation factor. The issue is precisely that culture policy puts a de-politicised culture to political uses. In the 1960s and 70s, that was what became the problem in the Federal Republic's international cultural policy. Culture, which they wanted to sell, was intensely political and was not going to cease being so at the drop of a hat. That was why there were disputes with the Goethe Institutes in the 1970s and 80s. On the one hand, German culture was something for the state to 'appear in state' with, but at the same time this was an utterly politicised form of culture. So recurrent conflict between cultural policy and culture itself was inevitable. My theory about it all is this: the conflict, considered from a national, state perspective at any rate, has abated some today. And the reason it is less intense is that, relating to conditions at home, there is a relatively wide consensus. As soon as you introduce international contexts, you have that political aspect of culture again. Artists, be they German nationals or not, everyone whose work is informed by the tension between interior and exterior, has difficulties. [...]

The processes of peripheralisation currently taking place on a grand scale in our country are as good as never articulated. They do not really determine the ongoing discourse; it simply is not yet taking place in that form. [...]

There is another factor connected with the end of history. Until the mid-1980s, history was understood around the world as the history of national states, combined with the factor of the dominance of the political aspect. Governments who enjoyed political legitimisation by their population, which most in Western Europe did, engaged in politics on an international level. But they could also be voted out of office. In the political sphere, institutional procedures

Es gibt etwas anderes, das mit dem Ende der Geschichte zu tun hat: bis Mitte der 80er Jahre galt Geschichte in der Welt als Geschichte von Nationalstaaten kombiniert mit dem Aspekt der Dominanz des Politischen. Regierungen, die politisch legitimiert waren durch ihre Bevölkerung, was in Westeuropa weitgehend der Fall war, haben internationale Politik gemacht. Sie konnten aber auch abgewählt werden. Im Bereich der Politik haben sich über die Jahrzehnte institutionelle Abläufe entwickelt, so daß man wußte, wie man mit Konflikten umging und dadurch gab es auch eine Möglichkeit, Kritik zu üben. Wie man mit so einem Konflikt umging war vom Prozeß her klar. Ab der Mitte der 80er Jahre, seit dem, was unter dem Schlagwort Globalisierung läuft, gibt es eine Aufsplittung des Politischen einerseits ins Ökonomische, andrerseits ins Kulturelle. Im Ökonomischen Bereich sind die Machtverhältnisse klar. Da weiß jeder, wer die Terms of Trade bestimmt in der Asymmetrie zwischen Nord und Süd. Gleichzeitig gibt es zwei Varianten der kulturellen Sprachen. Die eine ist aggressiv, sie spricht vom Krieg der Kulturen. Die andere ist konstruktiv, sie fordert einen Dialog zwischen den Kulturen.

Die Aufsplittung des Politischen in diese beiden Paradigmen, nämlich einerseits des Ökonomischen und andrerseits des Kulturellen, – ob du das jetzt konstruktiv liest oder aggressiv, das ist eigentlich egal –, de facto dazu führt, daß man einerseits im ökonomischen Bereich die reine Machtsphäre hat, die man nicht hinterfragt, sondern die so ist wie sie ist und in dem anderen Bereich hast du die Friedensleute, die also konstruktiv denken oder die Scharfmacher, die also konflikthaft denken, auf jeden Fall hast du den Diskurs, der gar nicht mehr institutionelle Strategien beinhaltet, wie man mit Konflikten umgeht, sondern der sich sehr nebulös bewegt, weil jede Kultur ihre eigenen Strategien hat. Kultur ist ein sehr amorphes Feld in dem man nicht Legitimation suchen und finden kann. Wenn etwas kulturell erklärt wird, geht es nicht um Legitimation. Kultur als Dialog zwischen den Kulturen. Diese Gruppe von Menschen könnte man, und dazu gehört unsere Institution [Haus der Kulturen der Welt] natürlich auch, könnte man als den Kompensationsbereich zur Machtpolitik beschreiben, so daß du auf der einen Seite also völlig unverblümt deine Machtpolitik betreiben kannst und auf der anderen Seite betreibst du einen Dialog zwischen den Kulturen.

developed over decades, so that people knew how to deal with conflict – and so it was also possible to express criticism. At least the procedure for handling this kind of conflict was clear. From the mid-1980s and what courses under the buzz word of globalisation, a splitting of the political has been taking place, into the economic on one hand and the cultural on the other. In the economic domain, the distribution of power is plain. Everyone knows who defines the Terms of Trade in the asymmetry between north and south. A the same time there are two variants of cultural vocabulary. One is aggressive and speaks of the war of cultures. The other is constructive and calls for a dialogue between cultures.

The splitting up of the political into these two paradigms, that is, on one part the economic, on the other the cultural, – whether you read that as constructive or aggressive, it makes no difference essentially – it leads de facto to having in the economic domain a quintessential power sphere that is not questioned but is as it is, and in the other domain you have the pacifists, that is, those who think constructively, or the inciters, those who think in terms of conflict; at any rate, you have discourse the subject of which is now not institutional strategies on dealing with conflicts at all, but which moves very mysteriously indeed, since every culture has its own strategies. Culture is a very amorphous field in which legitimation cannot be sought and found. If something is explained in cultural terms, this is not about legitimation. Culture as a dialogue between cultures. Of course, you could also describe this circle of people, which includes our institution [the Haus der Kulturen der Welt], you could, of course, also describe them as the compensatory sphere to power politics, so that you can indulge in your power politics unabashed with one hat on and with the other, promote a dialogue between cultures.

Gespräch mit Julia Lohmann vor der Hegel-Büste von Gustav Blaeser (1870) Hegel-Platz, Berlin

Monika Flacke

Wir sind auf Distanz, weil die Büste auf einem hohen Sockel mindestens 2 m über uns schwebt. Man braucht also einen gehörigen Abstand, Distanz, um den jungen Hegel zu erkennen.

Der große Denker sieht ja ganz fesch aus – oben auf seinem Sockel, er hat etwas Antikes, etwas Romantisches. Unter seinem Kopf lesen wir ›G.W.F. Hegel‹. Auf dem Sockel finden wir seitlich noch einmal den Namen ›HEGEL‹ und dann die Gießerei sowie die Jahreszahl ›1870 Lauchhammer‹. Diese Gießerei ist berühmt und war einst sehr begehrt.

Hegel sieht etwas zu jung aus für das bedeutende System, das er schuf. Mit diesen schönen Locken, diesem interessanten fein geschwungenen Mund, der noch kein bißchen verkniffen aussieht, wirkt er idealisiert. Wollten wir sein Alter schätzen, so würden wir sagen – um die 30, so zwischen Jüngling und Mann. Er wirkt sehr ernst, wie es sich für einen Philosophen und romantischen Kopf gehört.

Er steht heute unter einer Platane und scheint sinnend in Richtung Humboldt-Universität zu schauen, an der er einst lehrte und wo ihn u. a. Marx gehört haben dürfte. In aller Bescheidenheit behauptete Karl Marx, er wolle das Denksystem Hegels vom Kopf auf die Füße stellen. Ob ihm dieser Wechsel zwischen Kopf- und Fußstand gelungen ist, vermag ich nicht zu beantworten.

Hegel wirkt leicht nach innen gekehrt. Vielleicht philosophiert er, vielleicht mag er die Welt nicht sehen, den Welt- und Zeitgeist nicht wahrnehmen. Vielleicht hat er so die 40 Jahre DDR, den Nationalsozialismus, überhaupt dieses Jahrhundert überlebt. Dieser romantisch nach innen gekehrte Kopf repräsentierte sicher nicht das Hegel-Bild der DDR. Und doch hat sie Kopf samt Sockel an prominenter Stelle stehen lassen, die Universität vor sich, die S-Bahn hinter sich und neben sich das Hufeland-Haus, in dem heute fotokopiert wird.

Ob man Hegel heute noch kennt? Ich weiß es nicht. Seine Schriften werden jedoch rezipiert und den Welt- und Zeitgeist kennt doch jeder. Wenn wir den Kopf Hegels, dieses Kunstwerk anschauen, müßten wir uns eigentlich selbst erkennen. Wenn ich mich recht entsinne, forderte Hegel eine Art Distanz, damit wir, wenn wir ein Kunstwerk anschauen, uns selbst erkennen können. Wäre dies die Funktion der Kunst, so wäre das wunderbar, dann hätten wir zumindest einen Grund dafür, den Humor zu bewahren.

Conversation with Julia Lohmann before the bust of Hegel by Gustav Blaeser (1870) Berlin, Hegel-Platz

Monika Flacke

We are at a distance, because the bust rises over us by at least two metres on its high pedestal. So it takes a fitting distance to recognise the features of the young Hegel. The great thinker looks quite the man, up on his pedestal, there's something of the ancient world about him, something romantic. Under his head, we read, 'G.W.F. Hegel'. On the pedestal, on one side, we find the name, 'HEGEL', repeated, and then the foundry and the year, '1870 Lauchhammer'. This is a famous foundry, and was once much sought-after.

Hegel looks a little too young for the portentous system he conceived. With these fine locks, this interesting mouth with its sensitive curve and still not looking in the least embittered, he seems idealised. If we were to guess at his age, we would say – about thirty, something between youth and manhood. He has a very serious air, as befits a philosopher and a Romantic head.

Today he stands under a plane tree and appears to stare in the direction of the Humboldt-Universität where he once taught and where Marx is likely to have been among those who heard him lecture. With all modesty, Marx claimed that he wanted to turn Hegel's system of thought from head to feet first. Whether he ever succeeded in effecting this change between a headstand and standing on two feet, I am not able to confirm.

Hegel seems a touch introverted. Perhaps he is philosophising – or is disinclined to see the world, to acknowledge the spirit of the world and the times. It may be how he has managed to survive the forty years of the GDR, National Socialism before that, and this century as a whole. This romantically introverted head certainly did not represent the GDR's image of Hegel. And yet, that state left the head unscathed, pedestal and all, standing in its prominent site facing the University, the S-Bahn behind him and the Hufeland Haus to one side, where, today, photocopies are made.

Do people still know Hegel today? I do not know. But his writings are read, and everyone knows his world view and *Zeitgeist* to be sure. In looking at this work of art, Hegel's head, we should, really, recognise ourselves. If I remember rightly, Hegel demanded a kind of detachment so that in contemplating a work of art, we should be able to recognise ourselves. If that were to be the purpose of art, then that would be a wonderful thing – then we would at least have a reason not to lose our sense of humour.

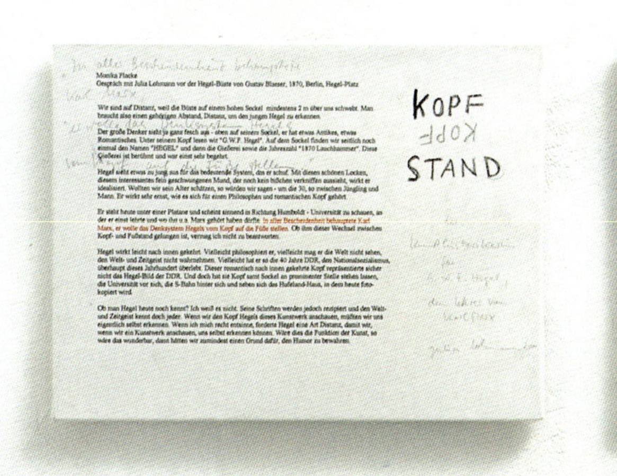

Monika Flacke
Gespräch mit Julia Lohmann vor der Hegel-Büste von Gustav Blaeser, 1870, Berlin, Hegel-Platz

Wir sind auf Distanz, weil die Büste auf einem hohen Sockel mindestens 2 m über uns schwebt. Man braucht also einen gehörigen Abstand, Distanz, um den jungen Hegel zu erkennen.

Der große Denker sieht ja ganz fesch aus - oben auf seinem Sockel, er hat etwas Antikes, etwas Romantisches. Unter seinem Kopf lesen wir "G.W.F. Hegel". Auf dem Sockel finden wir seitlich noch einmal den Namen "HEGEL" und dann die Gießerei sowie die Jahreszahl "1870 Lauchhammer". Diese Gießerei ist berühmt und war einst sehr begehrt.

Hegel sieht etwas zu jung aus für das bedeutende System, das er schuf. Mit diesen schönen Locken, diesem interessanten fein geschwungenen Mund, der noch kein bißchen verkniffen aussieht, wirkt er idealisiert. Wollten wir sein Alter schätzen, so würden wir sagen - um die 30, so zwischen Jüngling und Mann. Er wirkt sehr ernst, wie es sich für einen Philosophen und romantischen Kopf gehört.

Er steht heute unter einer Platane und scheint sinnend in Richtung Humboldt - Universität zu schauen, an der er einst lehrte und wo ihn u.a. Marx gehört haben dürfte. In aller Bescheidenheit behauptete Karl Marx, er wolle das Denksystem Hegels vom Kopf auf die Füße stellen. Ob ihm dieser Wechsel zwischen Kopf- und Fußstand gelungen ist, vermag ich nicht zu beantworten.

Hegel wirkt leicht nach innen gekehrt. Vielleicht philosophiert er, vielleicht mag er die Welt nicht sehen, den Welt- und Zeitgeist nicht wahrnehmen. Vielleicht hat er so die 40 Jahre DDR, den Nationalsozialismus, überhaupt dieses Jahrhundert überlebt. Dieser romantisch nach innen gekehrte Kopf repräsentierte sicher nicht das Hegel-Bild der DDR. Und doch hat sie Kopf samt Sockel an prominenter Stelle stehen lassen, die Universität vor sich, die S-Bahn hinter sich und neben sich das Hufeland-Haus, in dem heute fotokopiert wird.

Ob man Hegel heute noch kennt? Ich weiß es nicht. Seine Schriften werden jedoch rezipiert und den Welt- und Zeitgeist kennt doch jeder. Wenn wir den Kopf Hegels dieses Kunstwerk anschauen, müßten wir uns eigentlich selbst erkennen. Wenn ich mich recht entsinne, forderte Hegel eine Art Distanz, damit wir, wenn wir ein Kunstwerk anschauen, uns selbst erkennen können. Wäre dies die Funktion der Kunst, so wäre das wunderbar, dann hätten wir zumindest einen Grund dafür, den Humor zu bewahren.

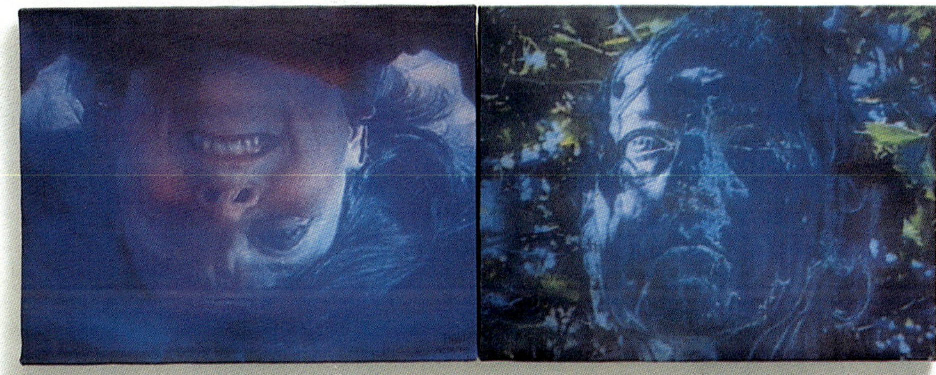

Kopfstand für Hegel, 2000
3 Teile, je 27 x 36,5 cm

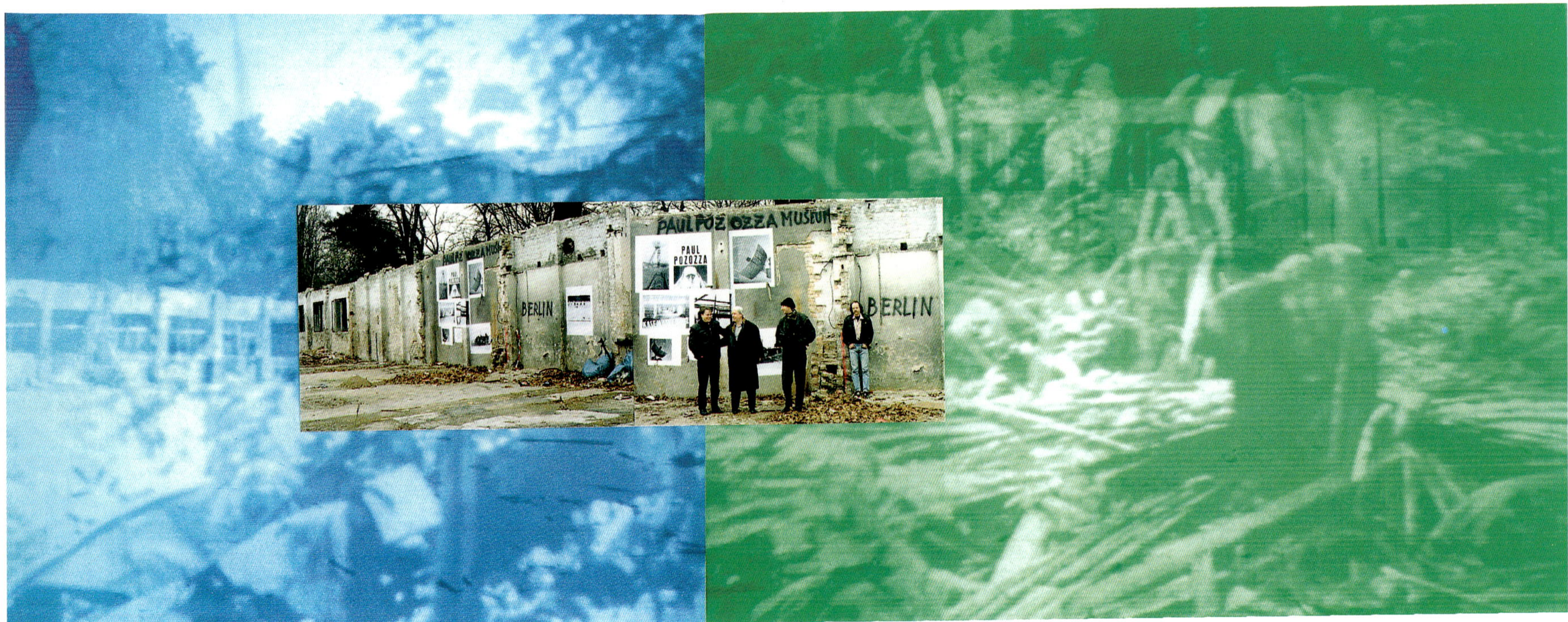

PPM – **Garten**, 1996, 27 x 36 cm

Paul Pozozza Museum Berlin
Ein Neubau in den Märkischen Sand gesetzt

Dr. Alexander Tolnay, Direktor

Berlin Mitte zwischen/*between* Chausseestraße und/*and* Hannoverscher Straße, 2001

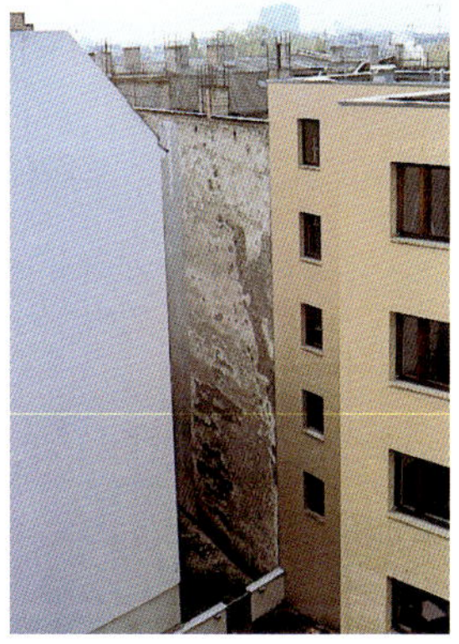

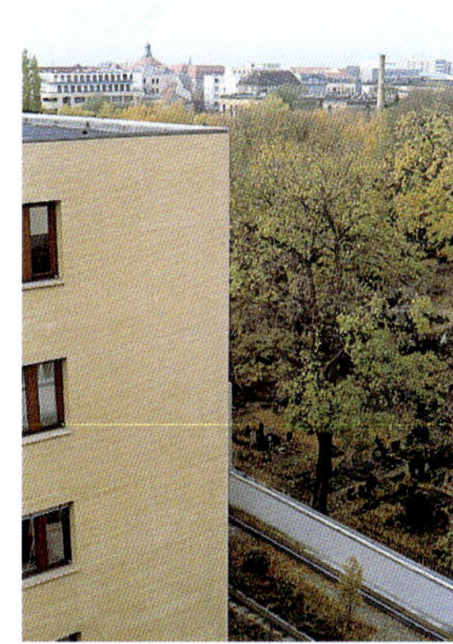

Unlängst durften wir das fünfjährige Jubiläum der Grundsteinlegung des PPM Berlin feiern. Dieser Grundstein hat inzwischen eine gewaltige Metamorphose durchlebt. Aus Fremdmitteln (der benachbarten Katholischen Akademie) wurden die Grundmauern erneuert, ein hübscher und stets gepflegter Park mit Sitzbänken angelegt und gewaltige Nebeneinrichtungen (wie Kongresszentrum usw.) aus dem Boden gestampft. Diese beachtliche und städteplanerisch bedeutende Entwicklung ist einzig der engagierten Initiative und dem beharrlichen Willen des PPM-Teams zu verdanken. Dafür möchte die Berliner Museumsleitung herzlich danken und weitere ähnlich erfolgreiche Tätigkeit im Dienste des Aufbaus eines Neuen Berlins wünschen.

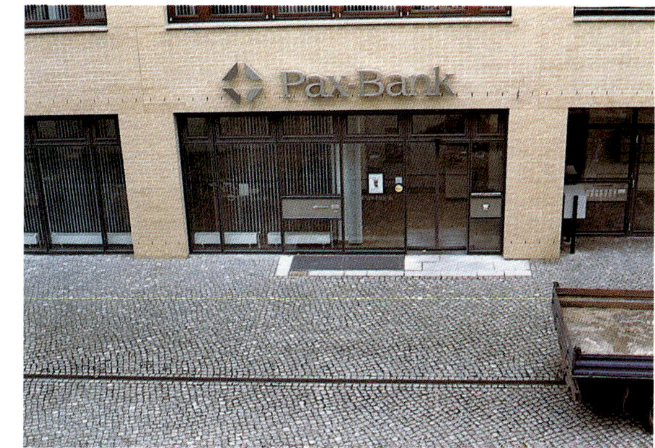

Paul Pozozza Museum, Berlin
A New Building on the Soil of the Brandenburg Marches

Dr. Alexander Tolnay, Director

We have recently been able to celebrate the fifth anniversary of laying the foundation stone of the PPM in Berlin.

This foundation stone has undergone a profound metamorphosis. Outside means (namely, from the neighbouring Catholic Academy) have enabled the restoration of the original walls, provided a beautiful, well-tended park complete with benches, and conjured up splendid facilities – (in their midst, the Congress Centre). This remarkable development, a landmark in civic planning, is solely the fruit of the dedicated initiative and persistence of the PPM team. For this, the Berlin museum expresses its deep thanks, and the wish that such activities may continue and be as successful in creating a New Berlin.

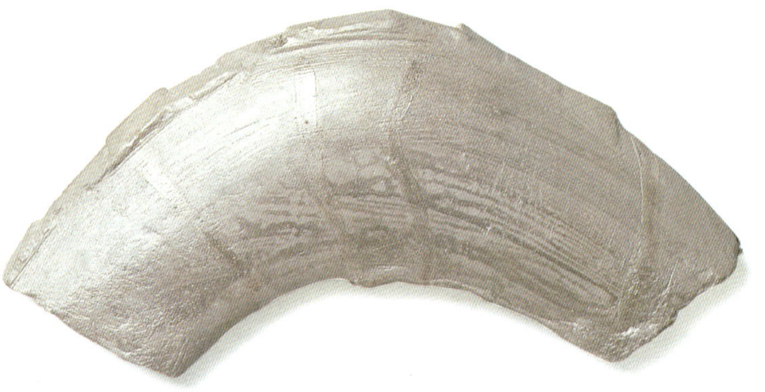

Ring, 1999
19 x 37 x 3 cm

Schnee, 2001
125 x 118 cm

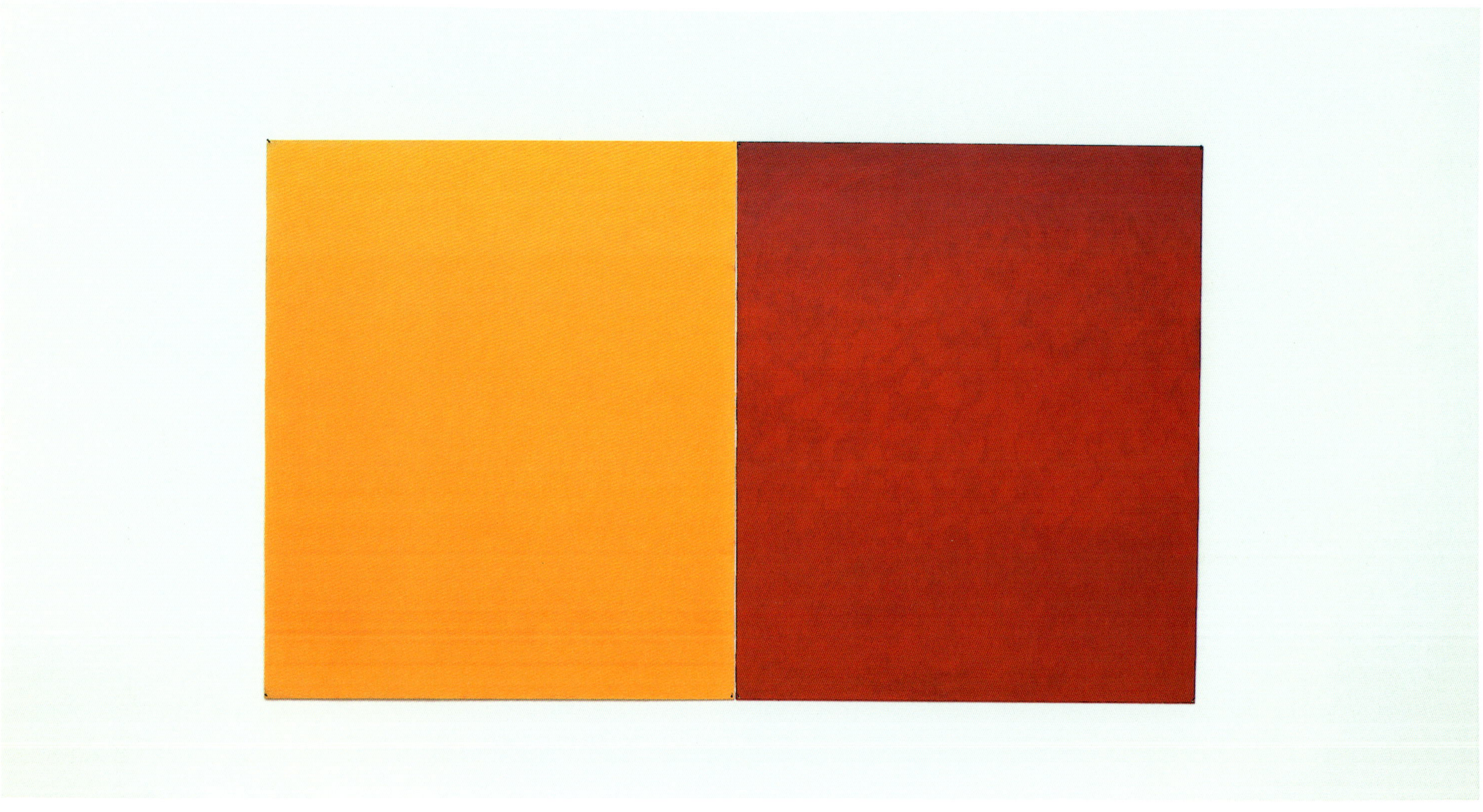

Felder – Rot, Gelb auf Grün, 1999
125 x 220 cm

To Save, 1999
Installation in der Ausstellung
›Death keeps me awake‹,
Bilgi Universität, Istanbul

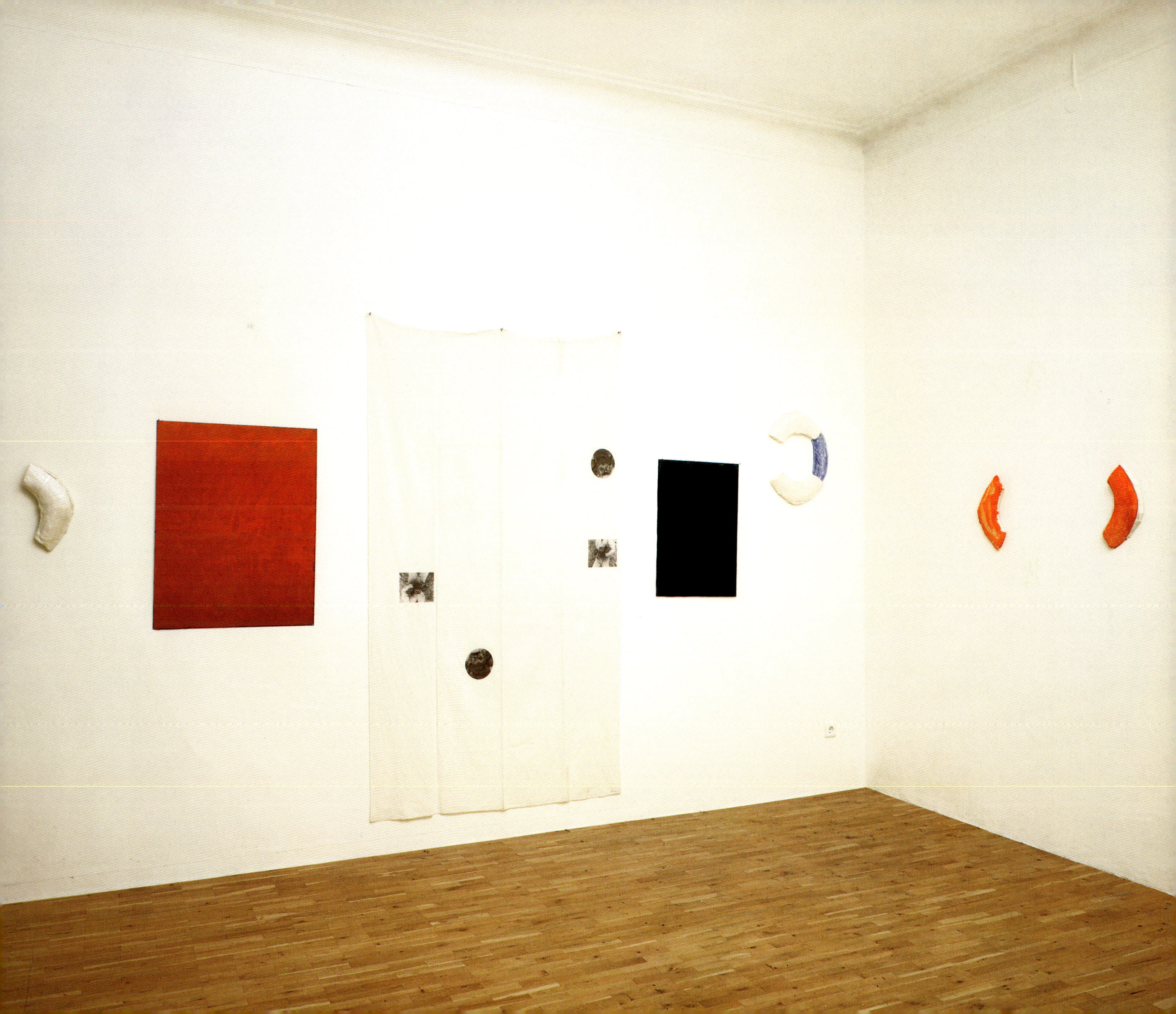

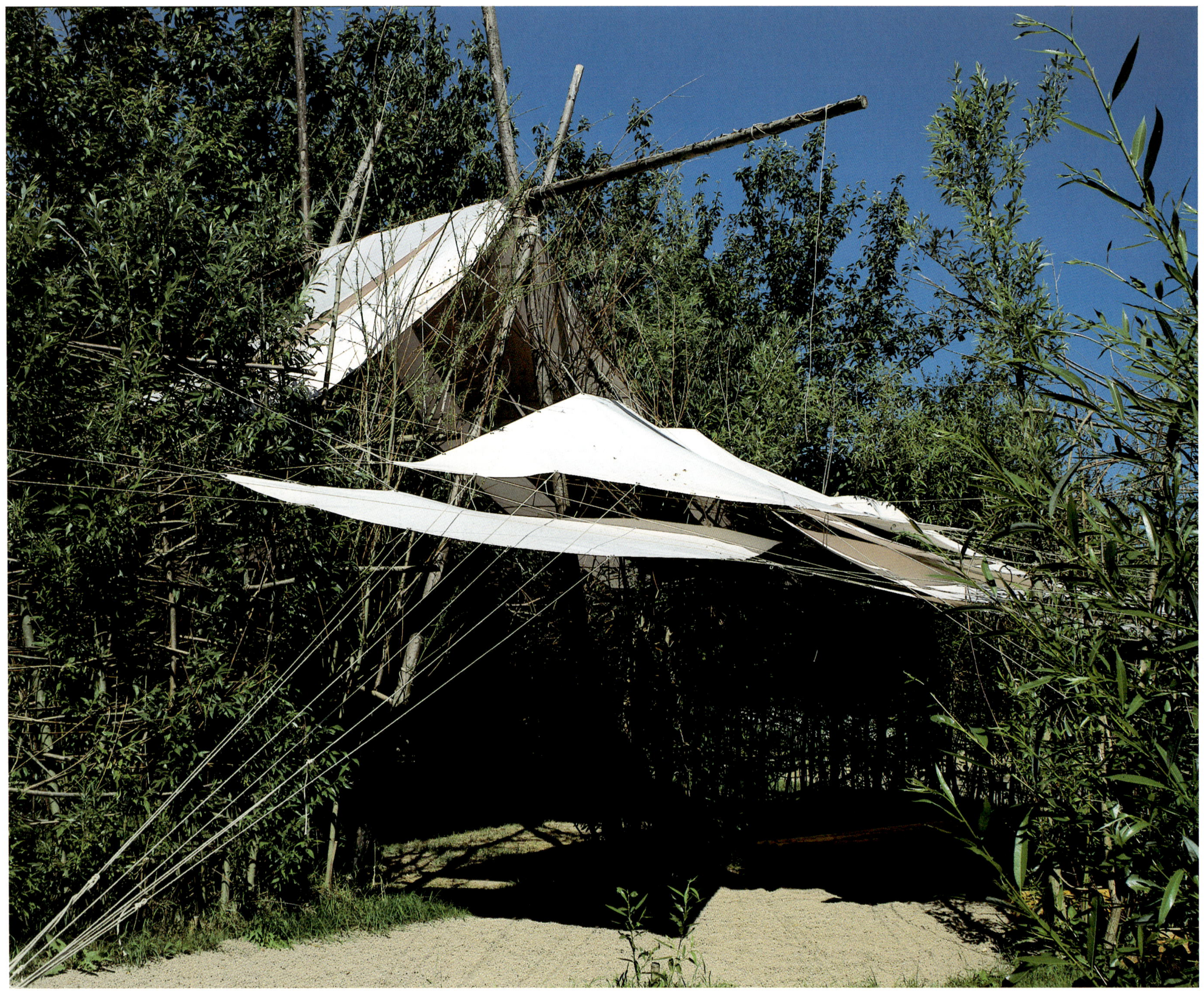

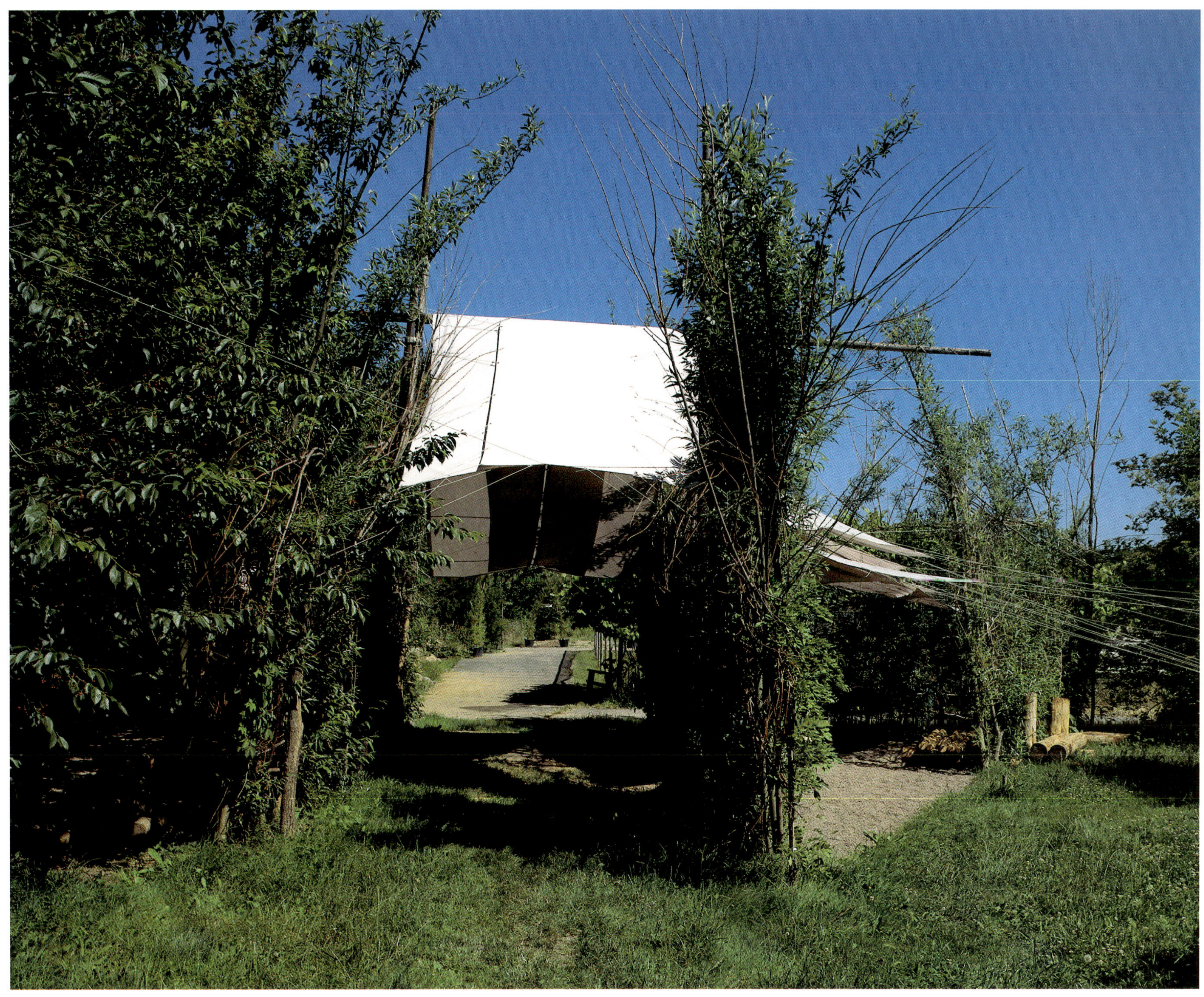

Spielhaus Bonn, 1999-2000
ca. 15 m x 12 m x 5,5 m
S. 76/77

Gelber Raum – zwischen Amazonas, Colorado und Indus, 1993
300 x 350 x 350 cm
Installation Museum Mülheim, 1995

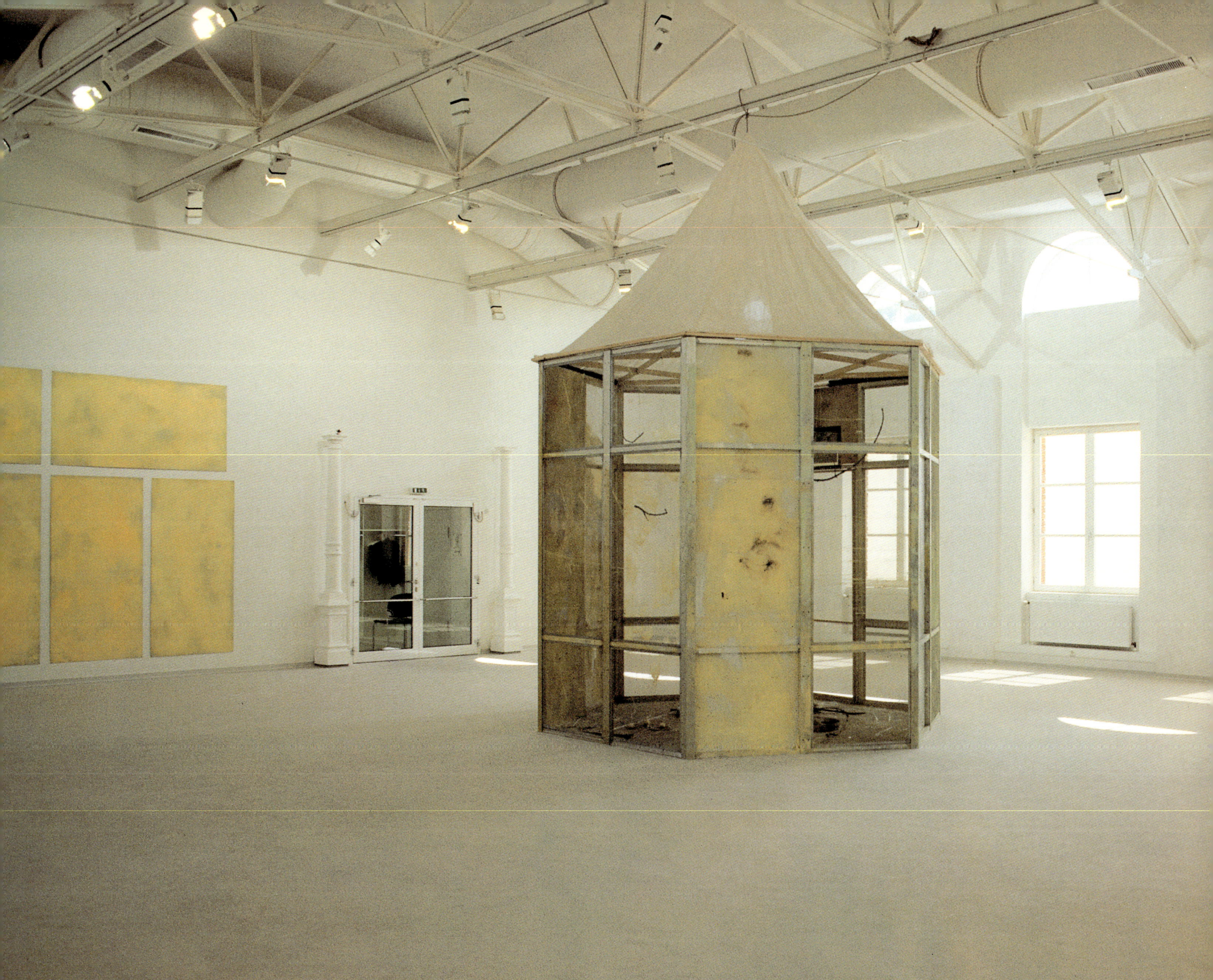

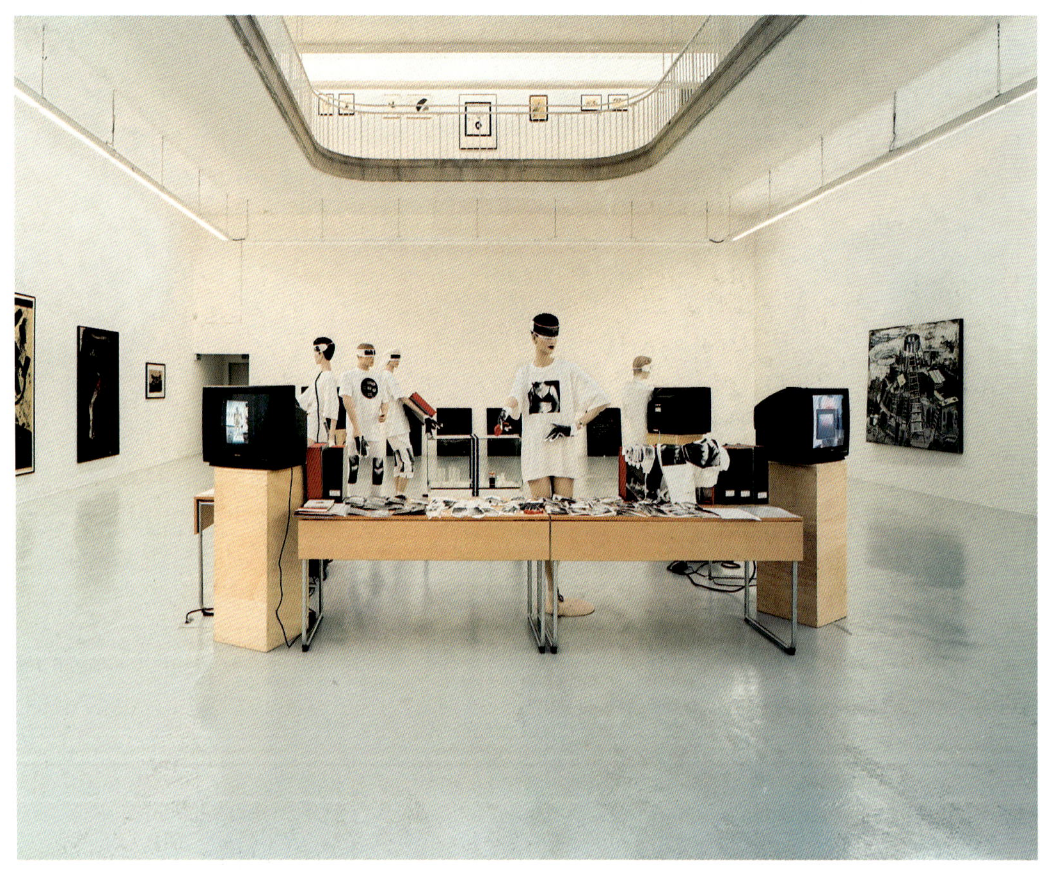

Erster KünstlerDevotionalienShop, 1998-2000
(Julia Lohmann/ Carlotta Brunetti)
320 x 350 x 350 cm
S. 80 Installation Kunstverein Freiburg, 2000
S. 81 Installation Kunstmuseum Karlsruhe, 2000

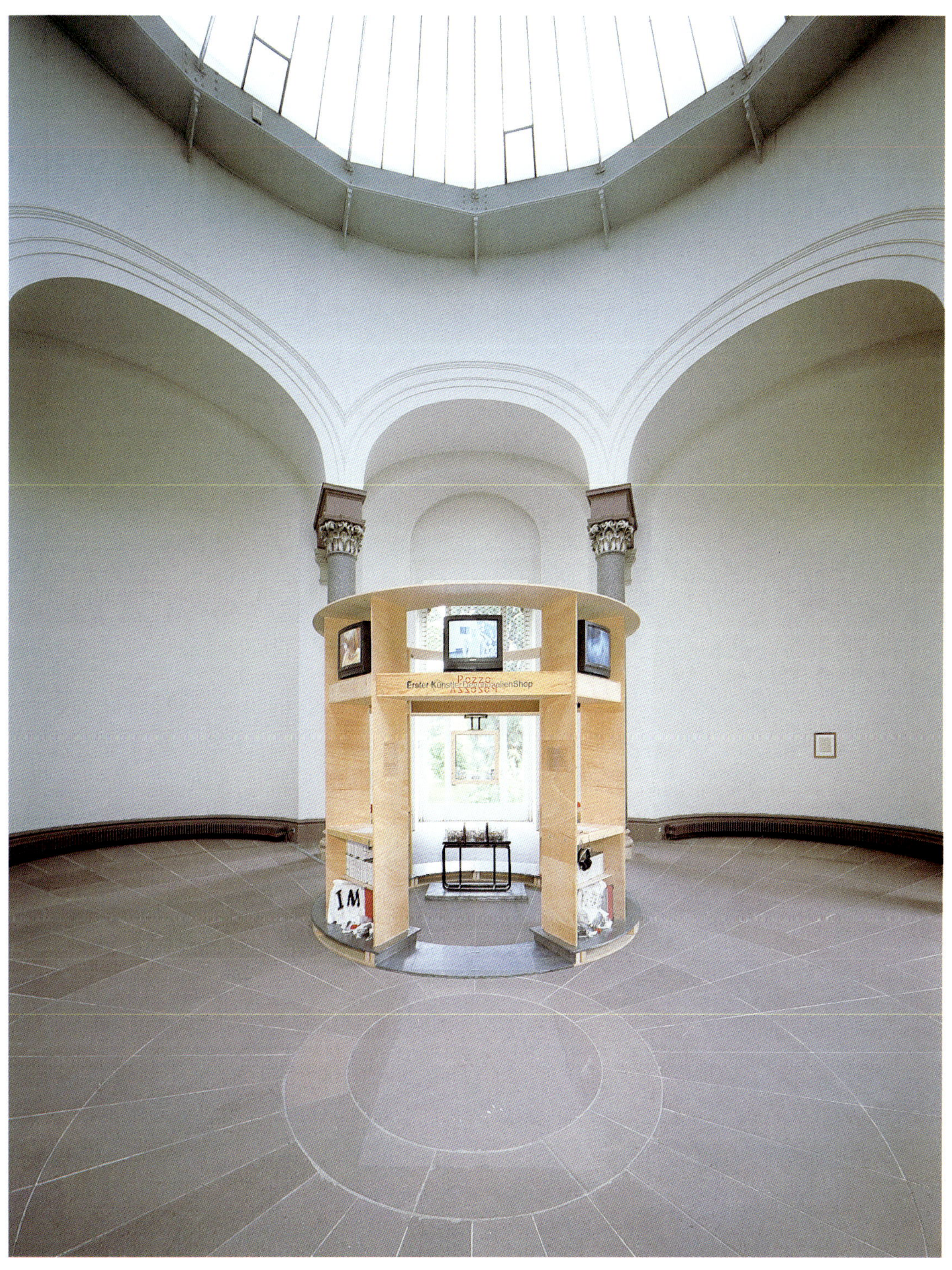

Pozzo Pozozza
Ein Ort für zeitgenössische Kunst und Kultur im Untergrund

Beral Madra

Pozzo Pozozza ist ein Schutzraum für Kunst in einer Metropole. Er ist 600 qm groß und liegt unterhalb der Katzbachstraße 19, Kreuzberg. Er wurde von den beiden Künstlerinnen Julia Lohmann und Carlotta Brunetti gegründet, wild entschlossene Radikale, die nicht nur Herausforderung und Abenteuer in der Kunst suchten, sondern auch beobachteten, daß Experimente, Realzeit und realer Raum in der Kunst ihre Bedeutung hinter der Großartigkeit repräsentativer Kunstinszenierungen verloren. Für sie war es essentiell, einen Raum als Treffpunkt und für künstlerischen Gedankenflug zu finden oder zu gründen. Mit ›kunstloser‹ Großzügigkeit und mit Enthusiasmus stellen sie ein non-profit Zentrum zu Verfügung, das den Dialogen zwischen den verschiedenen Sprachen der Kunst, der Medien und der Generationen dient.

Pozzo Pozozza ist offen für interdisziplinäre und internationale Workshops und Projekte.

Manchmal wird es vom Paul Pozozza Museum als Forschungsstätte und Experimentalraum für neue Formen von Kunst und Systemen benutzt.

Besonders willkommen sind Künstler, die mit oder über Künstler arbeiten, so wie sie ein Projekt entwickeln, das sie ›Künstler Devotionalien Shop‹ nennen, bei dem sie Künstler als Arbeitsmaterial benutzen. Künstler sind als ›Produkte‹ eingeladen, die vermarktet werden. Körperteile wie Augen, Hände, Beine, Füße und Besonderheiten werden auf Augenbinden, T-shirts, Leggins, Handschuhe und Socken gedruckt. Ihre Seele ist in einem kleinen Döschen verborgen, ihr Verhalten und ihre Aussagen sind in einem Video dokumentiert. Dies alles wird in einer Schachtel verpackt an Sammler verkauft.

Nur das vitale Fluidum des Lebens, das Blut der Künstler, ist in versiegelten Fläschchen in einer Glasvitrine zu besichtigen.

Der Raum ist auch offen für Kuratoren, die nicht Opfer der sogenannten ›Globalisierung‹, von Mega-Ausstellungen und Orientierung am Markt sind, sondern die bereit sind, sich als Kuratoren neu zu definieren, was ursprünglich bedeutete, die Kunstwerke der Künstler zu schützen.

Benutzung und Handhabung von Pozzo Pozozza ist flexibel und ohne Restriktionen. Von den Benutzern wird erwartet, das sie das Raumkonzept akzeptieren, den Raum als Schutzraum behandeln und die Finanzierung ihrer Projekte regeln. Projekte sollten an einen der Koordinatoren geschickt werden: Beral Madra, Monika Flacke, Jeannot Simmen.

Raumkonditionen:
600 qm / Höhe 5 m / Säulen / kein Tageslicht / primitive Belüftungsanlage / keine Heizung / Starkstrom / fließendes Wasser aber kein Abfluß / keine Toilette / Projekte können zwischen Mai und November realisiert werden.

Paul Pozozza
An underground contemporary art and culture space

Beral Madra

Pozzo Pozozza is an art shelter in a metropolis. It is a 600 m² space under Nr. 19 Katzbachstrasse, Kreuzberg. It is founded by two artists Julia Lohmann and Carlotta Brunetti. Being wild – eyed radicals they were not only looking for challenge and adventure in art but also observing that the experimentaltity, the real time and space dimension of art is loosing ist importance behind the magnitude of representative art. For them it was essential to find or a space as a meeting point or a space for thought flight for artists. With 'artless' generosity and enthusiasm they provide a non – profit center which will serve for dialogues between different languages of art, media and generations.

Pozzo Pozozza will be open to interdisciplinary and international workshops and projects.

Sometimes it will be used by Paul Pozozza Museum as a research and experimentation center in new art forms and systems.

It will specially welcome the artists who work with or on artists as they have started and are developing a project called 'First Artists Devotional Shop' in which they use artists as their work material. The artists are invited to be 'products' to be marketed. Parts of their body such as eyes, hands, legs and feet and special attributes are printed on eye – bands, T-shirts, leggins, gloves and socks. Their soul is conceiled in a small box their attitudes and statements are documented with a video. All this is being packaged into a box to be sold to collectioners. Only the vital fluid of life, the blood of the artists which is kept in sealed jars in a glass vitrine is for viewing.

The space is also open to curators who are not victims of so – called 'globalism' of mega – exhibitions and of market orientations but ready to redefine curatorship which initially means to protect the art – work of the artist.

Utilisation and manipulation of Pozzo Pozozza is flexible and unrestricted.

The users are expected to accept the concept of the space, treat it as a shelter and find the finacial support of their project. The projects should be send to one of the coordinators Beral Madra, Monika Flacke, Jeannot Simmen.

Conditions of the space:
600 m² / 5 m high / pillars / no daylight / primitive air condition / no heating / high voltage / water supply but no drainage / no wc / the projects can be realized between May and November.

Übergang, 1996
500 cm x 250 cm
Kurzentrum Bad Suderode/Harz

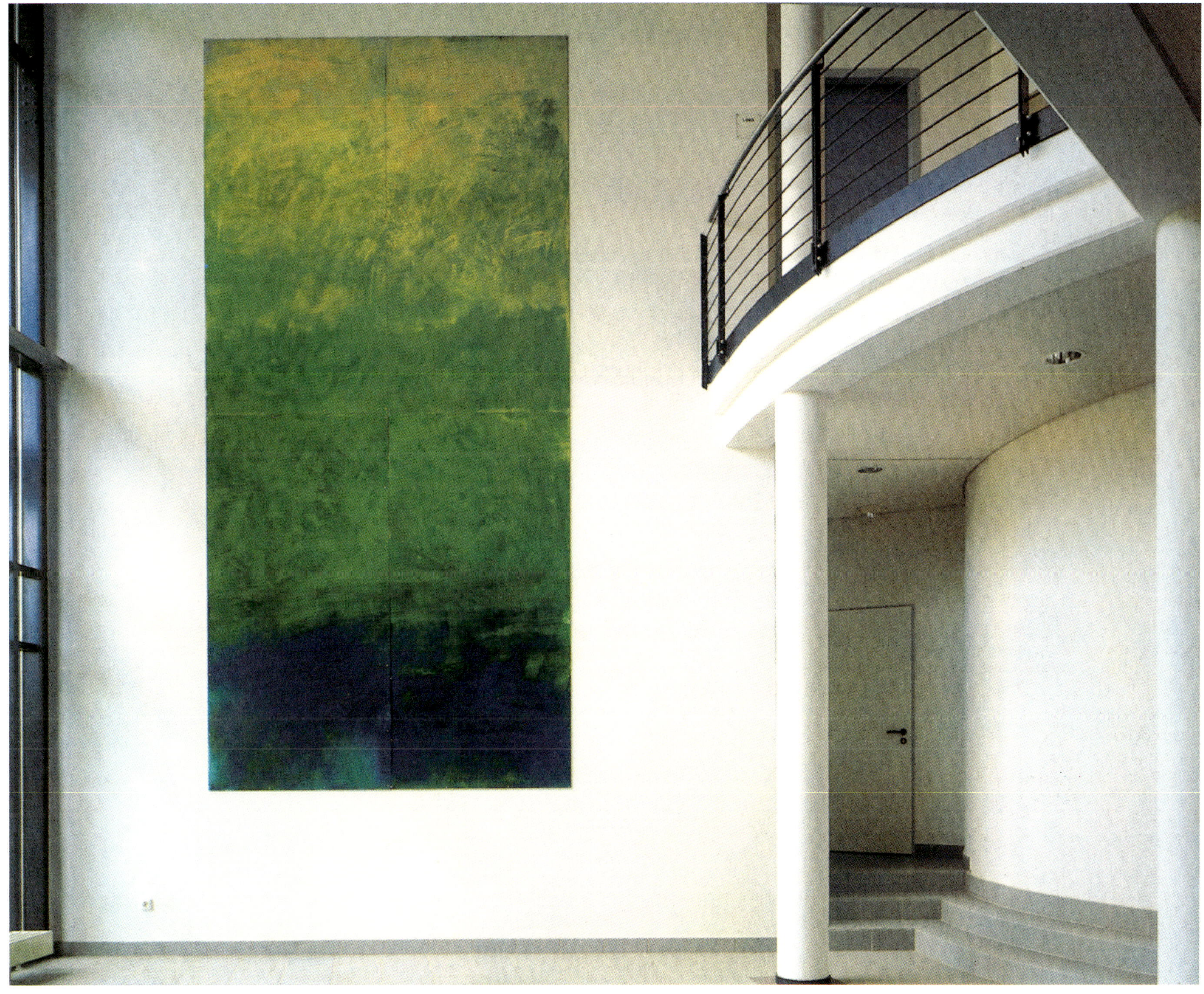

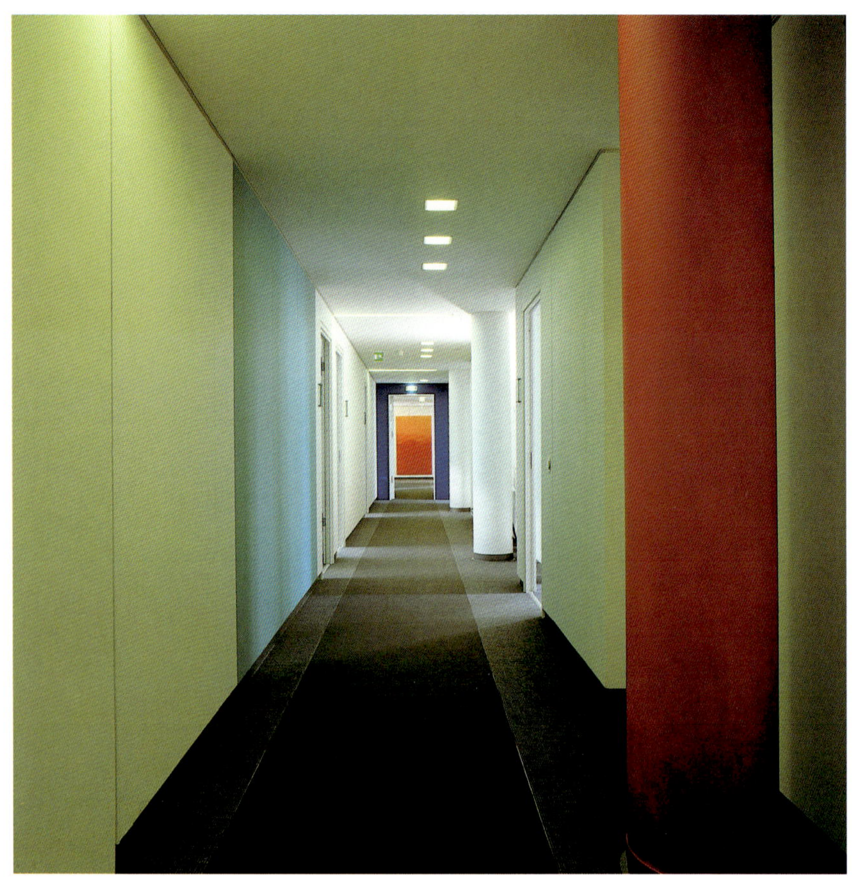

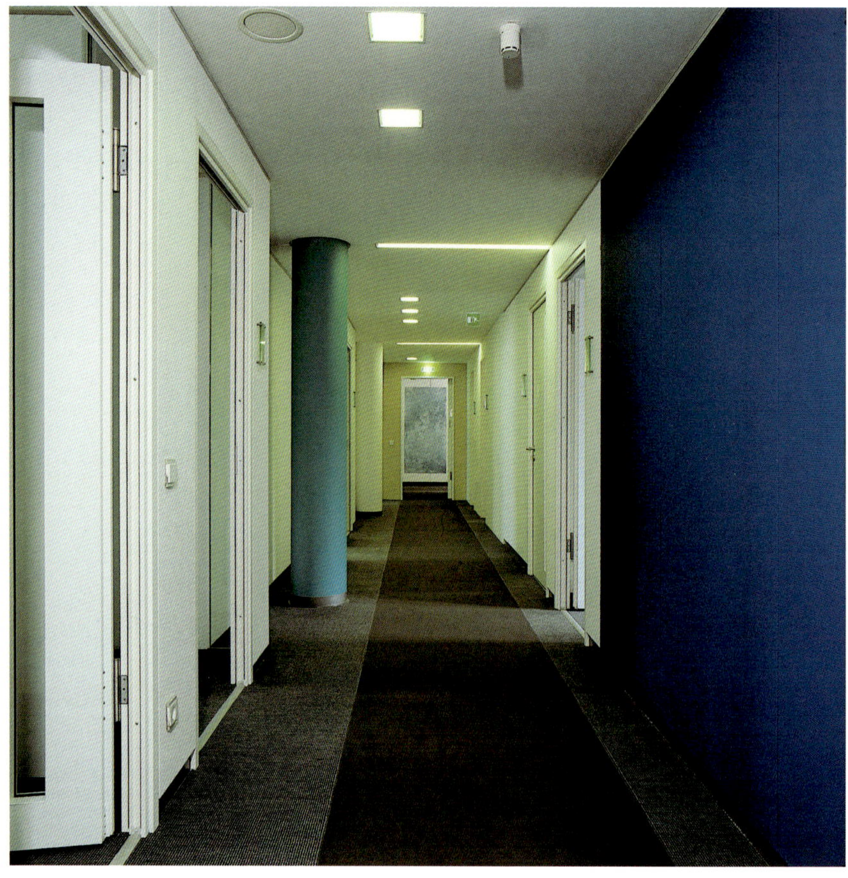

3 Gänge, 1998
Arbeiten in der IKB Düsseldorf

Abbildungen

2 *Langzelte/Toblerone*, 1989,
2 Teile, je 40 x 220 x 45 cm, Ölfarbe auf Aluminium

4 *Roter Bildkasten*, 1989
100 x 10 x 15 cm, Ölfarbe auf Aluminium

7 *Pflanzenwelten*, 2000
125 x 135 cm, Tempera auf eloxiertem Aluminium

10 *Rumpelstilzchen*, 2000
125 x 200 cm, Tempera auf eloxiertem Aluminium

15 *Ich mal dir jetzt ein Bild*, 2000
temporäres Wandbild, Galerie J. Friedrich Dortmund

16 *On Lockheed Salvage*, 1992
Installation Mandeville Gallery UC San Diego

17 *Violence*, 1993
Künstlercamp Lahore, GI Karachi/Lahore Pakistan

19 *Vermessen und begrünt*, 1996
Installation in der Galerie Hete A. M. Hünermann im Ratinger Tor Düsseldorf, Tempera und Ölfarbe auf Aluminium und auf eloxiertem Aluminium.

21 *Zeitraum und Gedankenflug*, 1994
ca. 800 x 600 x 300 cm, Julia Lohmann/Carlotta Brunetti, Installation in der Volkssternwarte Bonn, Werkstatt Bonn Dialoge Kunst und Wissenschaft, Holz, Aluminiumnetze, Ölfarbe, Bienenwachs, Glasfaserkabel, Aluminiumkugel, Guttagliss, Laser, Sound

24 *Survival Training for Rabbits – Preparing the Wings*, 1990
2 Teile, 75 x 58 cm, Foto auf Computerplatine, Papier, Aluminium

26 *Rotgelb-Grüngelb*, 1999
2 Teile, je 200 cm x 125 cm, Tempera auf eloxiertem Aluminium, Museum am Ostwall Dortmund, Dauerleihgabe der Werner Richard-Dr. Carl Dörken Stiftung, Herdecke

27 *Submarine View, Aquis Submersis abgetaucht, Hommage an Max Ernst*, 1999
2 Teile, je 200 cm x 125 cm, Tempera auf eloxiertem Aluminium

28 *Gelbgrün-Rosa*, 2000
2 Teile, 160 x 104 cm und 160 x 129 cm, Tempera auf eloxiertem Aluminium

Plates

2 *Langzelte/ Toblerone*, 1989
2 pieces, each 40 x 220 x 45 cm, oil on aluminium

4 *Roter Bildkasten*, 1989
100 x 10 x 15 cm, oil on aluminium

7 *Pflanzenwelten*, 2000
125 x 135 cm, tempera on anodized aluminium

9 *Rumpelstilzchen*, 2000
125 x 200 cm, tempera on anodized aluminium

15 *Ich mal dir jetzt ein Bild*, 2000
Temporary mural, Galerie J. Friedrich Dortmund

16 *On Lockheed Salvage*, 1992
Installation at Mandeville Gallery UC San Diego

17 *Violence*, 1993
Artist camp Lahore, GI Karachi/Lahore Pakistan

19 *Vermessen und begrünt*, 1996
Installation in the Hete A. M. Hünermann Gallery in the Ratinger Tor, Düsseldorf, tempera and oil color on aluminium and anodized aluminium.

21 *Space – time and the Flight of Thoughts*, 1994
c. 800 x 600 x 300 cm, Julia Lohmann/Carlotta Brunetti Installation in the Volkssternwarte observatory in Bonn, Werkstatt Bonn Dialoge Kunst und Wissenschaft, wood, aluminium screens, oil paint, beeswax, fibreglass cables, aluminium tank, guttagliss with lead, laser-beam, sound-installation

24 *Survival Training for Rabbits – Preparing the Wings*, 1990
2 pieces, 75 x 58 cm, photography on computer-platen, paper, aluminium

26 *Rotgelb-Grüngelb*, 1999
2 pieces, each 200 cm x 125 cm, tempera on anodized aluminium, Collection of Museum am Ostwall Dortmund, Werner Richard-Dr. Carl Dörken Stiftung, Herdecke

27 *Submarine View, Aquis Submersis abgetaucht, Hommage an Max Ernst*, 1999
2 pieces, each 200 cm x 125 cm, tempera on anodized aluminium

28 *Gelbgrün-Rosa*, 2000
2 parts, 160 x 104 cm und 160 x 129 cm, tempera on anodized aluminium

29 *Wasser-Eis*, 2000
2 Teile, 160 x 120 und 160 x 100 cm, Tempera auf eloxiertem Aluminium

30 *Sushirot 1*, 2001
125 x 136 cm, Tempera auf eloxiertem Aluminium

31 *Violett-Rosa*, 2000
2 Teile, 160 x 136 und 160 x 129 cm, Tempera auf eloxiertem Aluminium

33 *Xie Tiao (Harmony)*, 1998
27 x 23 x 20 cm, Chinaporzellan, Papier, Hartfaser, Messing

35 *Abacus, Yakin ve Uzak Ülkelerden Silahlar ve Türketim Nesneleri, Ticaret Yollari, Kagit ve Porselen, ›Beyaz ve Mavi‹/Waffen und Gebrauchsgegenstände aus nahen und fernen Ländern, Handelswege, Papier und Porzellan, weiß und blau*, 1999
202 x 162 x 90 cm, Holz, Eisen, 77 Keramikkugeln, Installation im BM Contemporary Art Center, Istanbul 1999

36/37 *Tauschen und Täuschen*, 1999
Laserprints, Tauschaktion von Keramikkugeln gegen Papier, v.l.n.r.: Esra Ersen, Deng Guo Yuan, Selda Asal, Kurt Scharf, Gao Qun, Teomann Madra

38/39 *Paul Pozozza Family*, 1995-02
jeweils cm 5 x 8 cm, ca. 80 laminierte Laserprints

40 *A Lesson About the Spirit of (Washi-) Paper from Creating to Recycling*, 1995
Julia Lohmann/Nobuko Sugai, Installation International Paper Symposium Kyoto und GI Kansai, Japan

41 *Liquid*, 2001
64 x 72 cm, chinesiches Papier auf Papier, Tusche

42 *Los Guindos*, 1995
Mineraliensammlung und Bildkästen, Installation in der Ehemaligen Reichsabtei, Kunst aus NRW, Aachen Kornelimünster

43 *Papierkraniche*, 1998
55 x 40 x 14 cm, Ölfarbe auf Aluminium, Plexiglas, Laserprint auf Folie

44 *Elypse*, 1999
21 x 27 x 5 cm, Cellanguß, Aquarellfarbe

45 *1,2,3*, 2000
6 Teile, je 25 x 25 x 1 cm, Tempera und Ölfarbe auf eloxiertem Aluminium, Filz

46/47 *Stacheln*, 2001
15 Teile, je 13 x 19 x 9,5 cm, Cellanguß

48 *Feuer*, 2001
125 x 114 cm, Tempera auf eloxiertem Aluminium

49 *Claude Monet betrachtet Heu*, 2001
125 x 126 cm, Tempera auf eloxiertem Aluminium

50 *A Rose Is A Rose And Becomes A Fire*, 2001
100 x 100 cm, Tempera auf eloxiertem Aluminium

51 *Heiß*, 2000
2 Teile, 125 x 85 cm und 115 x 85 cm, Tempera auf eloxiertem Aluminium

53 Berlin Mitte zwischen Chausseestraße und Hannoverscher Straße, 1995 Parkplatz und 1997 Grabungsstätte

54/55 Fotomontage von Norbert Faehling, Berlin Mitte zwischen Chausseestraße und Hannoverscher Straße, 1994

56/57 Grabungsstätte Berlin Mitte zwischen Chausseestraße und Hannoverscher Straße, 1997

58/59 *John Doe, das Spiel der sieben Fehler*, 1997/2001
2 Teile, je 123 x 246 cm, Foto-Kopie-Stoffprint

29 *Wasser-Eis*, 2000
2 parts, 160 x 120 und 160 x 100 cm, tempera on anodized aluminium

30 *Sushirot 1*, 2001
125 x 136 cm, tempera on anodized aluminium

31 *Violett-Rosa*, 2000
2 parts, 160 x 136 and 160 x 129 cm, tempera on anodized aluminium

33 *Xie Tiao (Harmony)*, 1998
27 x 23 x 20 cm, China porcelain, paper, plywood, brass

35 *Abacus, Yakin ve Uzak Ülkelerden Silahlar ve Türketim Nesneleri, Ticaret Yollari, Kagit ve Porselen, ›Beyaz ve Mavi‹/Waffen und Gebrauchsgegenstände aus nahen und fernen Ländern, Handelswege, Papier und Porzellan, weiß und blau*, 1999
202 x 162 x 90 cm, wood, iron, 77 white clay balls, Installation view BM Contemporary Art Center Istanbul, 1999

36/37 *Tauschen und Täuschen*, 1999
Laserprints, exchange of white clay balls for paper, from left to right Esra Ersen, Selda Asal, Deng Guo Yuan, Gao Qun, Kurt Scharf, Teomann Madra

38/39 *Paul Pozozza Family*, 1995-2002
c. 80 laminated laser-prints, each 5 x 8 cm

40 *A Lesson About the Spirit of Paper from Creating to Recycling*, 1995
Installation (Washi-paper) with Nobuko Sugai, International Paper Symposium and GI Kyoto, Japan

41 *Liquid*, 2001
64 x 72 cm, chinese paper on paper, ink

42 *Los Guindos*, 1995
Collection of minerals and painted boxes, Installation at Ehemalige Reichsabtei, Kunst aus NRW, Kornelimünster, Aachen

43 *Papierkraniche*, 1998
55 x 40 x 14 cm, oil paint on aluminium, artificial glass, laser-print on transparency

44 *Elypse*, 1999
21 x 27 x 5 cm, Cellan cast, watercolour

45 *1,2,3*, 2000
6 pieces, each 25 x 25 x 1 cm, tempera and oil paint on anodized aluminium, felt

46/47 *Stacheln*, 2001
15 pieces, each 13 x 19 x 9,5 cm, Cellan cast, watercolour

48 *Feuer*, 2001
125 x 114 cm, tempera on anodized aluminium

49 *Claude Monet betrachtet Heu*, 2001
125 x 126 cm, tempera on anodized aluminium

50 *A Rose Is A Rose And Becomes A Fire*, 2001
100 x 100 cm, tempera on anodized aluminium

51 *Heiß*, 2000
2 pieces, 125 x 85 cm and 115 x 85 cm, tempera on anodized aluminium

53 Berlin Mitte between Chausseestrasse and Hannoversche Strasse, parking lots 1995 and excavation ground 1997

54/55 Photomontage by Norbert Faehling, Berlin Mitte between Chausseestrasse and Hannoversche Strasse 1994

56/57 Excavation ground Berlin Mitte between Chausseestrasse and Hannoversche Strasse, 1997

58/59 *John Doe, das Spiel der sieben Fehler*, 1997/2001
2 pieces, each 123 x 246 cm, cotton print

60 Grabfund Berlin Mitte zwischen Chausseestraße und Hannoverscher Straße, 1997

61 Ort von Hegels erstem Grab Berlin Mitte Hannoversche Straße

63 Plakat PPM-Berlin, 1995

65 Inschrift am Alten Museum Berlin Mitte Schloßplatz (Detail)

69 *Kopfstand für Hegel*, 2000
3 Teile, je 27 x 36,5 cm, Stoffprint/Hartfaser, aus dem Video: Kopfstand für den Lehrer von Karl Marx, G.W. F. Hegel, 1999 (2 min und 30 min, Kopfstand Monika Flacke, Schnitt Sybille Petrausch)

70 PPM-*Garten*, 1996, 27 x 36 cm, Fotokopie

71 Berlin Mitte zwischen Chausseestraße und Hannoverscher Straße, 2001

72 *Ring*, 1999
19 x 37 x 3 cm, Cellanguß

73 *Schnee*, 2001
125 x 118 cm, Tempera auf eloxiertem Aluminium

74 *Felder – Rot, Gelb auf Grün*, 1999
125 x 220 cm, Tempera auf eloxiertem Aluminium und Wandmalerei

75 *To Save*, 1999
Malerei auf Aluminium, Stoffprint, Cellanguß Installation in der Ausstellung ›Death keeps me awake‹, Bilgi Universität, Istanbul

76/77 *Spielhaus Bonn*, 1999-2000
ca. 15 m x 12 m x 5,5 m, lebende Weiden, Holz, Segeltuch, Kies

79 *Gelber Raum – zwischen Amazonas, Colorado und Indus*, 1993
300 x 350 x 350 cm, Aluminium, Messing, Holz, Stoff, Ölfarbe, Wachs, Kanarienvögel, Installation im Kunstmuseum in der Alten Post Mülheim, 1995

80 *Erster KünstlerDevotionalienShop*, 1998-2000
(Julia Lohmann/Carlotta Brunetti)
320 x 350 x 350 cm, Shop: Holz, Glas, Bleifolie, Stahl; Blutbank: Stahl, Holz, Plexiglas, Glas, Blutpräparate ca. 50 unterschiedliche Schachteln mit Künstlern zum Anziehen mit Seele: Pappe, Baumwolle mit Laserprintdruck, (Augenbinden, Handschuhe, Socken, Leggins, T-shirts) Luftballon, Postkarte mit Kettchen, diverse Objekte, Videos), Installation im Kunstverein Freiburg, 2000

81 *Erster KünstlerDevotionalienShop*, 1998-2000
(Julia Lohmann/Carlotta Brunetti), Installation im Kunstmuseum Karlsruhe, 2000

83 *Übergang*, 1996
500 cm x 250 cm, Ölfarben auf Aluminium, Kurzentrum Bad Suderode/Harz

84 *3 Gänge*, 1998
Tempera auf eloxiertem Aluminium und Farbsystem, Arbeiten in der IKB Düsseldorf

60 Excavation find, Berlin Mitte between Chausseestrasse and Hannoversche Strasse, 1997

61 Site of Hegel's original grave, Berlin Mitte between Chausseestrasse and Hannoversche Strasse

63 Poster of PPM-Berlin, 1995

65 Inscription at the Altes Museum Berlin Mitte Schlossplatz (Detail)

69 *Kopfstand für Hegel*, 2000
3 pieces, each 27 x 36,5 cm, cotton-print mounted on plywood, after the video-tape: *Kopfstand für den Lehrer von Karl Marx, G.W. F. Hegel*, 1999 (2 min and 30 min, headstand Monika Flacke, cutting Sybille Petrausch)

70 PPM-*Garten*, 1996, 27 x 36 cm, photocopy

71 Berlin Mitte between Chausseestrasse and Hannoversche Strasse, 2001

72 *Ring*, 1999
19 x 37 x 3 cm, Cellan cast

73 *Schnee*, 2001
125 x 118 cm, tempera on anodized aluminium

74 *Felder – Rot, Gelb auf Grün*, 1999
125 x 220 cm, tempera on anodized aluminium and wallpainting

75 *To Save*, 1999
Paint on aluminium, laser-print on cotton, Cellan casts, installation in the exhibition ›Death keeps me awake‹, Bilgi University, Istanbul

76/77 *Spielhaus Bonn*, 1999-2000
c. 15 m x 12 m x 5,5 m, willows, robinias, tarpaulin, rocks, Deutscher Werkbund Bonn

79 *Gelber Raum, zwischen Amazonas, Colorado und Indus*, 1993
300 x 350 x 350 cm, aluminium, brass, wood, cotton, oil paint, beeswax, sulphur , canary birds, installation view, Kunstmuseum in der Alten Post Mülheim, 1995

80 *First ArtistsDevotionalShop*, 1998-2000
320 x 350 x 350 cm, Julia Lohmann/Carlotta Brunetti, Shop: wood, glass, lead, steel; bloodbank: steel, artificial glass, blood in sealed glass containers about 50 different boxes containing artists to wear with soul: paper, cotton with laser-prints, (spectacles, gloves, socks, leggings, T-shirts) balloons, postcards with small chains, a variety of objects, video tapes), installation view Kunstverein Freiburg, 2000

81 *First ArtistsDevotionalShop*, 1998-2000
Julia Lohmann/Carlotta Brunetti, installation view Kunstmuseum Karlsruhe, 2000

83 *Übergang*, 1996
500 cm x 250 cm, oil paint on aluminium, Kurzentrum Bad Suderode/Harz Mountains

84 *3 Gänge*, 1998
Tempera on anodized aluminium and wallpainting, IKB Düsseldorf

Gefördert durch/*Supported by*

Kunstfonds e.V.
Mit Mitteln der/*With the financial assistance of*
VG Bild-Kunst

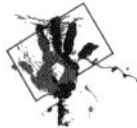

Stiftung Kunst und Kultur des Landes NRW

West LB Düsseldorf

Mercedes Benz Dortmund

Dank an/*With thanks to*

Mitarbeiter des/*The staff of* Museum am Ostwall Dortmund, Carlotta Brunetti, Norbert Faehling, Dr. Monika Flacke, Galerie J. Friedrich Dortmund, Dr. Michael Haerdter, Dr. Bettina Jungklaus, Dr. Anette Kruzszynski, Dr. Beral Madra, Teoman Madra, Dr. Rosemarie E. Pahlke, PPM Düsseldorf, Klaus-W. Richter, Dr. Maria Redemann, Dr. Bernd M. Scherer, Nobuko Sugai, Dr. Alexander Tolnay, Dr. Stephan von Wiese, Dr. Christoph Wedekin

Herausgegeben von/*Published by*
Museum Ostwall Dortmund
anläßlich der Ausstellung/*on the occasion of the exhibition*

Julia Lohmann
Studio

24. Januar bis 10. März/24 January to 10 March 2002

Katalog/*Catalogue*
Julia Lohmann

Übersetzungen/*Translations*
Stephen Reader, Düsseldorf für/*for*
Anette Kruszynski, Michael Haerdter,
Bernd M. Scherer, Monika Flacke

Harald Busch, Dortmund für/*for*
Rosemarie E. Pahlke

Heather Eastes, Düsseldorf und GB für/*for*
Reinhard Dinkelmeyer, Alexander Tolnay

Carmen Miranda Pozozza für/*for*
Beral Madra

Fotos/Photographs
Norbert Faehling
S./pp. 7, 10, 15, 26-31, 33, 41, 43-52, 58, 59, 69, 72-75, 79, 84, 85, 54/55 (Fotos und Fotomontage), 61, 63 (Bearbeitung/*processed by* Julia Lohmann
Carlotta Brunetti
S./pp. 42, 76/77
John Elder
S./p. 24
Franz Fischer
S./p. 21
David Janecek
S./p. 83
Felix Grosz
S./p. 81
Courtesy Skulpturenkabinett Freiburg
S./p. 80
Julia Lohmann
S./p. 2, 4, 32, 36-39, 53, 56, 57, 60, 65, 71, 82
Teoman Madra
S./p. 35
Courtesy Mandeville Gallery UC San Diego, USA
S./p. 16
Maria Redemann
S./p. 17
Nobuko Sugai/Julia Lohmann
S./p. 40

Gesamtherstellung/*Production*
Druckerei Heinrich Winterscheidt GmbH, Düsseldorf

Deutsche Bibliothek – CIP Einheitsaufnahme
Julia Lohmann, Studio : [anläßlich der Ausstellung Julia Lohmann, Studio, 24. Januar bis 10. März 2002] / Museum am Ostwall Dortmund. [Katalog Julia Lohmann. Übers. Stephen Reder ...]. - Düsseldorf : Richter, 2002
ISBN 3-933807-58-1

Buchhandelsausgabe/*Trade Edition*
ISBN 3-933807-58-1

Printed and bound in Germany